DEMOCRACIA CERO

Héctor González

Democracia Cero

Primera Edición: Agosto 2011

DERECHOS RESERVADOS:
GRUPO EDITORIAL DHARMA, S.A. de C.V.
Humanidades No.115-203
Col. Universitaria, C.P. 78290
San Luis Potosí, S.L.P.
México.

Coordinación General de la Edición:
Angélica Cortázar Jiménez
Ángel de Luna

Diseño de Portada, Formación y Maquetado Interior:
Miguel Ángel López Rivera

Fotografñia del Autor:
Antonia Morales Condado

Obra inscrita en el Registro Público del Derecho de Autor
de la Secretaría de Educación Pública con el número de registro certificado:
03-2006-030112321000-01

ISBN. 978-607-9184-03-2

Impreso en México

Todos los derechos reservados. Esta publicación no puede ser reproducida,
ni en todo ni en parte, ni registrada en o transmitida por un sistema de recuperación de información, en
ninguna forma ni por ningún medio, sea mecánico, fotoquímico, electrónico, magnético, electroóptico, por
fotocopia o cualquier otro, sin el permiso previo, por escrito, de la Editorial.

DEDICATORIA

PARA R.MARIA, PARA LAS DOS ANAS Y PARA AL.
A MIS DOS HIJOS QUE ILUMINARON MI VIDA.

A ENRIQUE, RAUL, PACO, NACHO Y MIGUEL:
TODO MI CARIÑO Y ADMIRACION

Contenido

I

El cambio 9

Enrique 23

Paty 35

Adrián 51

Enamorado 55

María 67

Paty y María 73

II

Siete punto ocho 87

Cero 95

La gente, primero 111

Verdadero líder 123

Año nuevo 131

Democracia Cero 145

El final 157

I

El cambio

1 de enero del 2007, José Herrejón, conocido en todo el país cariñosamente como Pepe, tomó la presidencia de la República, después de una amplia y competida contienda electoral. Pepe tenía una amplia trayectoria política; desde sus años mozos en la universidad de su ciudad natal ya se distinguía como líder nato; su presidencia en la mesa directiva de la facultad lo llevó a ganarse el cariño y respeto de sus compañeros. La Facultad de Química logró algunas mejoras en las instalaciones gracias a la presión ordenada y trabajo en colaboración efectiva que ejercía con la rectoría de la escuela, y el trabajo en equipo que organizó con sus compañeros universitarios.

Durante los siguientes años como profesionista, combinó el trabajo forzado de su primer empleo como jefe de turno en una planta local de alimentos enlatados, con un puesto político, lo que aumentó su ambición política, por lo que estudiaba y se preparaba en sus ratos libres. En esos tiempos decidió que dedicaría su vida a la política, y dejó su trabajo en la empresa para convertirse en uno más de los tantos políticos jóvenes que anhelan llegar a ocupar puestos importantes. Después de varios puestos burocráticos en el gobierno local, y de ir rápidamente escalando jerarquías, llegó a ser electo jefe local de su partido político, Unión Democrática (UD), y de inmediato logró su primera nominación como candidato a diputado federal.

De allí siguió una ascendente e impecable carrera política. Fue senador de la República y gobernador de su estado. Encumbrado y reconocido por su fino trato, su calidad moral y sus resultados y logros obtenidos en los puestos previos, obtuvo la nominación de su partido para aspirar a la presidencia de la República. Pero lo que verdaderamente forjó su destino fue su gran amor por sus padres y hermanos, el ejemplo que ellos le dieron y la estricta formación católica a la que fue sometido. Su familia, a pesar de ser de clase media baja, siempre estaba unida y feliz. Su niñez y juventud estuvieron llenas de fraternidad y amor.

Su padre, Pedro, tenía una tienda de abarrotes. Un mini súper muy bien ubicado en la mejor zona de su ciudad, y lo atendía personalmente de sol a sol. Pedro siempre tenía la mejor sonrisa para todo el mundo, acompañada de un carácter amable y fino, aunque era muy disciplinado, incluso con él mismo. Siempre buscaba dedicar el mayor tiempo posible a su familia e invertía mucho esfuerzo en la guía y educación de Pepe y sus cuatro hermanos. Su madre era una persona encantadora, como salida de un cuento de hadas, era elegante, cariñosa, afable y tierna. Cuando Pepe estaba cursando la mitad de su carrera, en el sexto semestre, la tienda de su padre fue asaltada por un par de encapuchados con pasamontañas, al parecer muy jóvenes; uno de ellos disparó contra el papá de Pepe y acabó con su vida.

Pepe pudo continuar sus estudios gracias al sacrificio de su hermano mayor, Pedro junior, quien abandonó la escuela y siguió operando el negocio familiar, así sacó adelante a sus dos hermanas y a su triste madre.

Pepe quedó para siempre marcado con el dolor provocado aquel día, y se preguntaba por qué a una persona como su padre le había arrebatado la vida de una manera tan vil, estúpida e infructuosa. A pesar de vivir con ese dolor, Pepe no dejó, como le pasó a su hermano Pedro, que el odio llenara su corazón. El suyo era demasiado grande. El coraje que sentía por los asesinos de su padre, los cuales nunca fueron aprehendidos (en esos tiempos, en su país sólo se capturaba al 2.7 % de los criminales), se fue convirtiendo en un deseo de cambiar las cosas.

Detestaba escuchar las noticias, que se habían convertido en una mancha amarilla en la vida de los ciudadanos. El morbo era el principal alimento de la audiencia televisiva y noticiosa. Pepe siempre oía con desprecio a los locutores de noticias, pensando que, esas personas tan carismáticas y entrenadas en su oficio, no podrían dar esas noticias con tanta frialdad y naturalidad si hubieran vivido un drama como el que ha vivido. Jamás.

Pepe se dio cuenta del gran cambio que estaba viviendo su país: había llegado la democracia. Después de decenios de tolerar tiranos que con la fuerza que da la impunidad, la ignorancia de sus gobernados y la milicia, solo habían gobernado a base del miedo y la corrupción, llegó Villegas, emergido de la incipiente oposición y quitó el trono al viejo régimen. Vientos de cambio y de libertad soplaban en todos lados.

Villegas y la democracia llegaron; con ello se derrumbaron todos los esquemas anteriores y, en los últimos seis años, -si bien las cosas no habían cambiado totalmente-, se habían sentado nuevas reglas de democracia; se notaba un gran cambio y se pronosticaba un avance en la sociedad. La nueva competencia de los partidos políticos traía como consecuencia la denuncia de tantos y tantos crímenes del pasado, pero dados los terribles vericuetos legales de su país, difícilmente se llegaba a castigar alguno.
Villegas no utilizó el poder totalitario que había heredado de sus antecesores. Llegó al poder tras una ardua lucha democrática y, también por el hartazgo de un pueblo pobre, ausente de valores y corrupto. De un solo golpe transfirió los poderes totalitarios del presidencialismo de los últimos 70 años a las diferentes cámaras y organismos gubernamentales debilitados y que habían sobrevivido, solo soportados por el cierto nivel de poder e impunidad del que gozaban sus líderes agremiados.

Durante el desconcierto causado por ese destape de la "caja de Pandora", el país sufrió grandes atrasos en los cambios estructurales para ponerse al día contra un mundo en vías de globalización, cambiante y dinámico.

Gracias a una gran perseverancia, una convicción plena de que se podía actualizar a su país en la loca carrera provocada por la globalización y el neoliberalismo, y una voluntad y valores inquebrantables, Pepe Herrejón ganó las elecciones, aunque no de manera fácil ni con un holgado margen. Los viejos esquemas de poder luchaban ferozmente por la recuperación de los tronos perdidos durante el periodo de Villegas, utilizando como principales herramientas las enormes fortunas amasadas durante la época gris, y la gran corrupción que seguía prevaleciendo entre las esferas gubernamentales, mejor dicho, entre todos los ciudadanos. No faltaban los industriales poderosos (que se habían enriquecido en sociedad con la corrupción oficial) que engrosaban la fuerza opositora al nuevo régimen. Se oponían a toda propuesta de Villegas. El objetivo era demostrarle a la sociedad que solamente con el sistema del viejo y corrupto régimen, el país podía prosperar. No importaba nada que el país se atascara por seis años, principal herramienta para el desprestigió del nuevo régimen; solo que la voluntad de un pueblo, ansioso por un mejor futuro y un cambio definitivo había prevalecido. Herrejón tomó el poder con más ventajas que su predecesor y armado con una mejor capacidad de convicción y una gran disponibilidad al diálogo y la negociación.

Comenzó con gran aplomo a lograr los acuerdos que pondrían a su país en la plataforma de despegue, y comenzó a concretarlos uno por uno. Se concluyeron: el Acuerdo Fiscal, el Acuerdo Energético, el Acuerdo Laboral y el Acuerdo Turístico; modificó la Ley del

Trabajo, la cual era anticuada y poco adecuada para apoyar a los industriales de su país durante los tiempos de competencia mundial que se vivían. Modificó el sistema legal del país: la exagerada maraña burocrática se simplificó para asegurar el cumplimiento de las leyes en forma eficaz y expedita. Antes de la reforma legal era casi imposible terminar un asunto jurídico en tiempo y forma adecuados. Pero faltaba algo.

    Pepe se dio cuenta de que ninguno de los cambios que estaban generados en los Acuerdos tendría la fuerza y trascendencia necesaria para transformar a su patria, mientras sus compatriotas siguiesen actuando como lo venían haciendo en los últimos 80 años y siguiesen viviendo con la misma actitud.

Sus paisanos, en una gran mayoría, se habían acostumbrado a la corrupción, a la falta de orden y limpieza, a la deshonestidad, y en general, a la ausencia de valores. Todavía recordaba con cariño aquellos tiempos en que la sociedad preservaba sus valores y tradiciones con fuerza.

    Cuando era niño, la Semana Santa era semana de guardar, pues se estaba remembrando el sacrificio de Jesucristo. Había que apagar la televisión, dejar de comer carne, ir a la Iglesia todos los días y actuar de manera sumisa y recatada. Ahora la Semana Santa se había convertido en la semana de fiesta nacional donde el consumo de carne, alcohol y drogas, llegaba a su máximo consumo en el año. De hecho, ahora era la semana de vacaciones de la nación. Cada vez se veían menos sacerdotes y feligreses de los diferentes cultos, y las misas y vocaciones religiosas eran cada día más escasas. Las tradiciones y costumbres de su país cedían el paso a las modas imperialistas y a las reglas de la sociedad de consumo globales. Realizar un acuerdo… No, eso era poco: había que hacer una revolución en los valores de su país. Así decidió comenzar el verdadero cambio.

El primer paso fue modificar el sistema educativo, tanto gubernamental como privado. Tendrían la misma importancia los valores como las asignaturas académicas; desde la educación primaria hasta el posgrado: todas y cada una de las instituciones educativas deberían enseñar, fomentar, cultivar, evaluar y premiar a los valores básicos de la sociedad.

Ahora se podría leer en las boletas, junto con los resultados de aritmética, biología e historia, calificaciones de actitud, limpieza y amor al prójimo, entre otras evaluaciones.

Los trabajos y actividades académicas desde ahora se realizarían en equipo, ya no de manera individual, es decir las tareas, trabajos y exámenes serían realizados por equipos de estudiantes, y en cada asignatura, el estudiante pertenecería a equipos diferentes. Esto enseñaría a todos los alumnos a adaptarse a las diferentes ideologías y personalidades de sus compañeros; trabajar en equipo, un valor que ni se enseñaba ni se promovía en la sociedad hasta entonces. El efecto y el cambio social deberían de ser enormes, pero lentos. Tenía que acelerar el cambio, detonar su revolución. Pepe sabía perfectamente que la diferencia entre un país rico y un país pobre no era ni la raza, ni la inteligencia, la antigüedad o la cantidad de recursos naturales. La diferencia radicaba en la fortaleza de sus valores básicos, como: La moral como plataforma básica; el orden y la limpieza; la integridad y honestidad. La puntualidad. La responsabilidad. El deseo de superación. El respeto a las leyes y reglamentos. El respeto y amor al prójimo. Amor al trabajo. Su esfuerzo por mejorar la economía y trabajar en equipo. Diez reglas básicas para conseguir una sociedad justa y feliz. Fue entonces cuando decidió hacer un cambio estructural en toda la organización social del país. Haría una evaluación basada en valores a todos y cada uno de sus compatriotas. Sonaba utópico, pero no inalcanzable. Ya contaban con un censo y un banco de datos electrónicos muy recientes de cada ciudadano, jóvenes y adultos, para propósitos electorales y escolares; está por demás decir que al gobierno le había costado una fortuna. La cartilla de elector se había convertido en uno de los documentos más fieles e inalterables de la historia de su país. Los sistemas electrónicos de informática y manejo de datos se habían desarrollado en los últimos años de manera impresionante: capacidad y velocidad de manejo de datos increíbles, y a costos cada día más bajos en las memorias, almacenamiento y procesamiento de datos. Contaban con la base tecnológica, y quizás una parte importante de la infraestructura necesaria, pero se necesitaba diseñar el nuevo sistema de evaluación. Pero, ¿cómo evaluar a cada ser humano, si cada uno de ellos es un ser totalmente diferente al otro?

—Pues podremos ser diferentes en color o raza, en ideología, preparación académica o en riqueza, pero todos jugamos los mismos roles sociales—, pensaba Pepe. Todos somos hijos al nacer, posiblemente hermano o hermana, algún día, estudiante, esposo o esposa, padre o madre, empleador o empleado, amigo o amiga, ciudadano, contribuyente…

Herrejón reunió a la crema y nata de los sociólogos, universidades humanistas, psicólogos, sacerdotes y representantes de las principales creencias religiosas; y a todo aquel que pudiera aportar ideas, experiencia y conocimiento para realizar el trabajo: lograr de manera sencilla, efectiva y limpia, que todos fueran evaluadores y evaluados. En un año de trabajo, los eruditos habían diseñado cuestionarios simples y claros, fáciles de comprender y contestar; con las preguntas claras y precisas para encontrar la evaluación correcta de cada persona en cada valor y en cada rol. Cualquier compatriota debería entonces evaluar a las personas que le rodeaban, basándose en sus diferentes roles. Por ejemplo, podrían evaluar a los padres como hijo, a los hijos como padre, a su cónyuge como pareja, a su jefe laboral como subordinado, a su vecino… Cada cuestionario debería de ser mandado por el sistema de comunicación electrónica o internet a un servidor central de enorme capacidad, que procesaría la información y generara los resultados, haciendo la suma y promedios de cada una de las evaluaciones, de cada uno de los roles, de cada una de las personas. Sonaba utópico y demasiado ambicioso, pero para Pepe no lo era. Su sueño por lograr una sociedad con valores era alcanzable y a corto plazo. Tendría que lograrlo o morir en el intento. Después siguió el desarrollo de los sistemas. Las compañías privadas más importantes en computación, se entusiasmaron con el proyecto y se unieron para diseñar los equipos, programas y unidades de procesamiento y almacenaje de datos. Por increíble que hubiese parecido, esto no llevó más de seis meses. Surgieron los problemas cuando se hizo pública la propuesta y el nuevo sistema.

Como todos los cambios, mientras más ambiciosos y trascendentes sean, más fuerzas reactivas se presentarían. No faltaron los detractores que acusaban al régimen de Herrejón de oligarquía y seccionador de la sociedad, pero todos en el fondo sabían que el cambio era más que necesario: era urgente. Herrejón había encontrado la forma de no tener que esperar a que las nuevas generaciones de jóvenes, ahora educados en valores, llegaran a ser adultos y cambiaran a la sociedad y transformaran los sistemas de vida.

Unos pocos meses de gritos, algunas manifestaciones encabezadas por los opositores y sobre todo una inconformidad total de los que sabían o presentían lo que les esperaba, brotó por todos lados. Los que más se preocupaban, en el fondo pensaban que no era tan grave el problema, siempre existiría algún burócrata corrupto que estuviese dispuesto a modificar las evaluaciones en el sistema o a generar una cartilla de elector con altas calificaciones por una compensación económica ilegal, llamémosla mordida. Lo que no sabían en ese momento era que la intrincada sistematización del análisis de cada evaluación requería programas de cómputo tan sofisticados que difícilmente alguien podría modificarlos en el futuro.

El resultado electrónico automático aparecería de manera automática en la web, y podía ser consultado por cualquiera. No habría acceso a los cuestionarios ni a las respuestas, ni a la identidad de los evaluadores, los cuales podrían revelar indiscreciones personales del evaluado; de hecho, nadie tenía acceso a esas respuestas. El sistema estaba diseñado para calificar cada respuesta y darle un valor, el que por ecuaciones y algoritmos matemáticos llegaría al resultado diseñado por los humanistas.

Así se llegó a evaluar cada rol, en una escala de cero a diez, el cero una ausencia total de valores en ese rol, y el diez, la perfección. Al final se promediarían las evaluaciones de todos los valores para llegar a un número que, de una manera global, daría una idea general de la persona. Este número final estaría inscrito en todas las identificaciones oficiales. Muchas personas, quizá la mayoría, dieron poca importancia en un inicio al proceso y a la evaluación; se requería de un esfuerzo anual para realizar la evaluación de las personas a que les tocaba calificar, quizá cuatro horas, una tarde, digamos.

Cuando Herrejón avisó públicamente que toda la burocracia disponía de seis meses para obtener su evaluación, so pena de perder el puesto, la gente comenzó a entender que el asunto iba en serio. Además se comentó la importancia y la jerarquía de los puestos gubernamentales, pues estaban directamente relacionados con el resultado del ejercicio. Es decir, los mejores puestos, los de mayor responsabilidad, ya no solo requerían a las personas más calificadas técnicamente, sino también a las buenas y morales. Después de este anuncio, las principales empresas hicieron lo mismo. Se dictó una ley aprobada por el congreso, donde se establecía como obligatoria la evaluación. Al proceso siguieron las escuelas, las instituciones educativas, deportivas, entre otras, hasta llegar a permear en toda la sociedad y llegar al sistema en que hoy vivimos. El cambio fue extraordinario, ya que las repercusiones fueron más allá de lo imaginado. Se reestructuró prácticamente toda la sociedad.

A medida que pasaban los años y el sistema se perfeccionaba, la llamada ahora de manera común, Evaluación o Nivel, llegó a tener tal fuerza, que la sociedad cambió su actuar cotidiano. Al principio los patrones o empleadores comenzaron a requerir cierto nivel para los empleados, digamos de un 8 u 8.2 en el promedio general, para aceptar a un trabajador promedio. Algunos patrones contrataban obreros de 7.5 como mínimo. Lógicamente los mejores puestos, los bien pagados, se limitaban para las personas de más alto nivel; como consecuencia las clases sociales se reacomodaron, y los estratos sociales ahora se marcaban por Niveles de valores y no por su capacidad de compra.

El cambio, resultado de la revolución de valores de Herrejón, se forjó poco a poco, hasta trasformar al país a ser lo que hoy es. Su ambición de cambio y visión de país llegaban aún más lejos. Él no creía en la democracia tal y como se conceptualizaba hasta entonces. No estaba de acuerdo con la igualdad humana para efectos electorales. Según su criterio, no podía valer lo mismo el voto de un malhechor que el de un filántropo; el de un malviviente al de un profesionista, o el de un hombre o mujer buena, con el de un hombre o mujer mala.

Decidió entonces que las próximas elecciones se llevarían a cabo por el valor de la evaluación personal. Es decir, si el nivel de una persona era de 9, su voto valía 0.9, el de una persona con evaluación 2, valdría 0.2 puntos y así sucesivamente. Ya los votos de cualquier persona no valdrían una unidad en el futuro, a menos que fuese una persona de nivel 10; sin duda tendría más peso el voto de las personas con valores y la decisión de ellas sería determinante. La iniciativa de ley estaba siendo analizada por las respectivas cámaras.

Pepe tenía toda la certeza de que serían aprobadas.

Enrique

Casi las nueve con cinco y Enrique estaba a minutos de llegar a la oficina.
—No es posible. pensó para sus adentros—: Llegaré tarde a la junta.
Su puesto de director general de la empresa no le permitía darse esos lujos. El era un 9.6 total, y ésos nunca llegaban tarde. Apretó el acelerador de su porsche 911 y se aseguró de no rebasar los límites de velocidad. El veloz auto respondió como cuando los rancheros hincan las espuelas en el caballo, y en unos segundos salió disparado rumbo a la carretera 56, la cual en pocos minutos lo llevaría a la entrada de la empresa que dirigía desde hacía doce años.

Al llegar a la puerta de la empresa, como siempre, los vigilantes de la entrada le recibieron con un cordial saludo, y él, con su acostumbrada sonrisa, les devolvió los mejores deseos para el día. La puerta automática se abrió casi en el momento en que el lustroso 911 se acercó lo suficiente, librando el espacio para su paso. Apresurado y con una clara mueca de preocupación, abrió su oficina, y sin detenerse en su escritorio, se dirigió a la sala de juntas.

Todos los directivos le dieron la bienvenida y los buenos días. Enrique sabía bien que gracias a los años de esfuerzo, sembrando su gran carisma y afecto entre sus compañeros, el incidente no pasaría a mayores, pero eso no le quitó el sentir alguna mueca de disgusto o una mirada furtiva al reloj de alguno de los directores. La junta se llevó a cabo en la más absoluta armonía, como era su costumbre. Asuntos financieros y estrategias de mercado se discutían entre bromas o comentarios simpáticos que rompían el hielo de la seriedad que imprimía a sus reuniones. Enrique era de las personas que no dejaban entrever o externar alguna preocupación.

Su entrenamiento y actitud le permitían externar todo el optimismo posible y empujar a sus compañeros a sacar el máximo provecho de sus capacidades y aptitudes. El equipo humano que había formado era de lo mejor: personas entregadas a su trabajo, con gran profesionalismo, actitud y carisma, además de ser expertos en su área. Todos eran superiores al nivel 9 y en tiempos así, consolidar un equipo con esas características, no era fácil, y dicho sea de paso, la demanda de personas con alto nivel había agotado la oferta en el mercado laboral.

Unos minutos antes de lo programado, a las 10.50 am, la junta había terminado y todos se fueron a sus oficinas para seguir con sus actividades. Ya con más calma, Enrique regresó a su oficina. Su asistente, Karla, había encendido el sonido ambiental y se escuchaba por todos los rincones la música seleccionada por ella para ese día. Una taza de café bien caliente lo recibió con su aroma al entrar. Su siguiente actividad fue comenzar a revisar los pendientes del día. Decenas de correos electrónicos y algunos papeles estaban en su escritorio esperando su autorización o su revisión. La mañana transcurrió sin mayor novedad y después de atender un par de juntas rápidas operativas y a algún cliente o proveedor, se dispuso a salir a comer.

El comedor de la empresa era en verdad agradable: música de fondo flotaba en el ambiente; a diario se cambiaba la música, para dar gusto a las más de mil personas que laboraban allí. Enrique decidió ese día comer solamente una ensalada con pollo asado. Su vanidad le exigía mantenerse en forma. Realizaba 90 minutos de ejercicio de manera disciplinada, todos los días en el gimnasio del club, ubicado a solo unas cuadras de su residencia. Saludó a Mary, la encargada del comedor, quien le guardaba un gran afecto personal y se desvivía por satisfacer hasta el más mínimo detalle los requerimientos del tan querido líder de la empresa. Una limonada recién preparada acompañó al basto plato que le sirvió Mary.

Enrique se sentó a compartir los alimentos con algunos líderes de área, y durante el tiempo que invirtió en consumir sus alimentos, no perdió la oportunidad para platicar sobre los pormenores de la línea de producción. Su formación era administrativa, pero se interesaba mucho en la parte técnica; de hecho tenía programado un curso técnico para comprender con más precisión los cambios físicos y químicos que se llevaban a cabo en el proceso de la curtiduría y la preparación de la materia primas de la línea de producción de calzado.

Dedicaba la tarde a revisar cada una de las actividades relacionadas con la empresa, desde las cuestiones financieras y actividades de cada una de las direcciones, hasta la producción, proveeduría de materiales y ventas. Nunca sin dejar de dar una vista detallada a la cobranza. Su oficina era amplia, cómoda y sobria, pero sin lujos innecesarios. Enrique había mantenido siempre una política de ahorro y austeridad evitando gastos que no fuesen indispensables en toda la compañía, a pesar de los buenos dividendos que ésta generaba.

A las seis de la tarde se vaciaban las oficinas, pero dada su personalidad y estilo de liderazgo, estaba convencido de que siempre debería ser el último en abandonar el edificio. De todos modos, siempre tenía trabajo pendiente o reportes que revisar. Un poco después de las siete, Enrique salió de su oficina y se dirigió a su casa.

Su hogar estaba situado en una de las mejores colonias residenciales de la ciudad, la colonia Campestre, destinada para gente de alto Nivel. Desde la "Revolución de valores", como muchos la llamaban, o "El cambio", como era más conocido el movimiento de Pepe Herrejón, muchos lugares habitacionales habían decidido hacerse exclusivos y se escogía con cuidado al aspirante. En el fraccionamiento Campestre, no solamente por su estatus económico, como se hacía en el pasado, sino que ahora incluía la nueva manera de evaluación. Se buscaba, mejor dicho, se condicionaba la entrada a personas y familias con promedios superiores a 8.5, y aunque existían los casos en que había algunos miembros con niveles muy altos, -por lo regular eran los padres-, y otros con menores niveles, -como los hijos-, sobre todo en edad adolescente o estudiantil, se exigía entonces un promedio familiar mínimo. Esto obligaba al buen desempeño en la evaluación de los hijos, ya que si querían vivir en esa área residencial, junto a su familia, deberían mantener un nivel que les permitiera alcanzar el promedio en la familia. En el Campestre, no se aceptaba a ninguna persona de nivel 7.8 o menor y solo siendo parte de una familia de promedio alto superior a 8.5. Esto causó muchos conflictos al principio, pero no pasó más allá de tener que pedirle a algunos moradores que mandaran a alguno de sus hijos a vivir a otro lado.

Las familias que pasaron por esta situación, remediaban el problema mandando a sus hijos de bajo nivel a estudiar a universidades foráneas. En ciertos casos se les permitía estar en casa durante los fines de semana, pero esto se lograba casi siempre por la amistad o el respeto que el padre de familia inspiraba en el medio. De todas maneras, la advertencia acerca del comportamiento era muy clara, y servía a los padres como herramienta para exigirles mejores niveles a sus hijos. Estos cambios realizados unos años atrás, le permitieron a Enrique y a sus vecinos, al igual que en muchos otros fraccionamientos o colonias, volverse muy selectivos y tener una gran calidad moral entre los vecinos.

En el pasado sólo se necesitaba contar con el dinero suficiente para poder tener acceso a esos lugares. Una casa mediana, de unos 300 m2, se valoraba por unos $900,000 USD; esto ocasionaba que en la misma comunidad convivieran personas honorables con políticos corruptos que habían hecho el dinero de manera ilícita, o con narcotraficantes, -muy comunes en esta zona- o malvivientes ricos, mezclados con abogados, médicos, comerciantes o industriales buenos y honestos.

El fraccionamiento era una belleza, el más bonito y cómodo de la ciudad. Estaba bardeado y protegido con cables de alto voltaje; contaba con cámaras y circuitos cerrados conectados a la caseta de seguridad en donde se monitoreaban permanentemente las calles y el acceso principal, y por donde de manera electrónica, se detectaba y filmaba el vehículo de cualquier colono y se le franqueaba el paso.

Cuando Enrique llegó con su porsche, las plumas se elevaron dejando entrar al bólido a un lugar en donde, además de la belleza natural y armónica construida por los desarrolladores, se respiraba quietud y paz.

La casa de Enrique estaba en la segunda calle. Era una privada llena de altos eucaliptos y sauces llorones, a la vez llenos de ardillas. Los tres lagos artificiales que se encontraban ubicados en el campo de golf de 18 hoyos estaban llenos de cisnes y patos en su exterior; habitaban también peces multicolores en el interior.

    El estilo de su casa era Californiano, un estilo muy de su gusto, pues existían un sinnúmero de casas en el Campestre que se construyeron hacía apenas unos diez años y por darles un toque muy modernista en su momento, ahora se veían anticuadas. Nadie imaginó, bueno, quizás algunos, el tremendo avance tecnológico que se desataría en los últimos años.

La casa era muy sofisticada y tenía casi cualquier sistema electrónico existente. El chip subcutáneo que se había injertado apenas cinco años atrás, hacía que la puerta de la cochera detectara su presencia y se abriera a unos metros de distancia de su arribo. Además de que le permitía ser fácilmente localizable por el sistema global posicionador satelital en caso de alguna emergencia. En cuanto la puerta abrió se encendieron las luces y a medida que Enrique entraba, las puertas abrían secuencialmente a su proximidad. María corrió a su lado dándole un jubiloso hola, mi amor, y de un pequeño pero alegre salto, le plantó un beso en los labios. Enrique tuvo que caminar hasta el cuarto de su hija Mariana, de 14 años, ya que el estruendo musical que se oía desde el interior impedía que ella se diera cuenta del arribo de su papá.

Mariana lo adoraba, era un ídolo para ella; no existía en el mundo nadie más guapo, ni más sabio ni bueno que él. Al verlo entrar a su cuarto, dio un brinco para alcanzar el control remoto del equipo de sonido y bajar el volumen lo suficiente para que sus voces se escucharan. El beso y tierno abrazo hicieron que Enrique se estremeciera, ya que el amor que sentía por esa chiquilla lo abrumaba.

—Hola papito, cómo te fue —le dijo dulcemente.

—Muy bien, mi amor. Como siempre. —Respondió Enrique.

Decidieron cenar fuera de casa. María no era de las mujeres que gustara mucho de la cocina, así que siempre que decidían cenar en casa, Enrique preparaba los alimentos, ayudado por María y Mariana.
—Vámonos. Gritó Enrique suavemente en lo que ambas pasaban al tocador a revisar, y en su caso ajustar y detallar, cualquier falla en su arreglo personal mientras pensaba que Mariana se estaba volviendo igual a su mamá: muy femenina y vanidosa.

Su coche era muy incómodo para más de dos personas, por lo que decidieron salir en el auto familiar, un Mercedes Benz blanco, cuatro puertas, el auto de María.
—Yo manejo —grito Enriquito. Anda, papá. Ya manejo muy bien y vamos cerca.
—*Oquéi*, mi campeón, pero me voy a tu lado, por si te me atarantas. —le contestó.

María se pasó al asiento de atrás. Mariana pidió que invitaran a Carlangas, nombre cariñoso con el que todos conocían a uno de sus amigos. Enrique hizo una mueca pero asintió. Carlangas era bien visto por Enrique, pero le procuraba el gran cariño que sentía Mariana por él. Ya comenzaba a sentir celos, y Marianita tenía doce años ¡Lo que le esperaba en el futuro! En el camino llamaron por el videoteléfono a la novia de Enriquito, para ver si deseaba alcanzarlos a cenar.
Cuando contestó, Enrique vio la expresión en la cara de su hijo y pensó que ya estaba tan clavado con la novia, que se le veía una cara de menso…

María le había suplicado a Teresa, la novia de Enriquito, que se uniera con ellos para cenar. Teresa accedió a llegar unos minutos más tarde. Cenaron rollos de sushi, arroz frito y tepanyaki. Carlangas pasó a saludarlos y le dio un beso en la mejilla a Marianita.
—Hola, señor, como está. —Dijo dirigiéndose a Enrique.
—Llámame Enrique; ya te he dicho que no me gusta que me llamen de otra manera que no sea por mi nombre. Contestó.
—Sí, señor, —respondió Carlangas, ruborizándose y desviando la vista.

Como a las ocho y media llegó Teresita, una linda y dulce jovencita, quien lucía como siempre su mejor sonrisa y su mejor arreglo personal cuando salía con Enrique junior.
—Hola, bonita —Le dijo Enrique—: qué bueno que pudiste venir. Le dio un beso en la mejilla.
—Hola, Enriquito. —Le dijo Tere al tiempo que le daba un tierno beso en los labios.

Platicaron más de una hora de cualquier cosa que se les venía en mente, en medio de risas y bromas. Enrique tenía un excelente sentido del humor, al igual que su familia. Ya en casa se dispusieron a ver la televisión. Acababan de adquirir un modelo nuevo tridimensional, de setenta pulgadas, lo que significó invertir una pequeña fortuna, pero los efectos de la imagen y el sonido envolvente lo compensaban. Enrique acostumbraba dormir desnudo, así que se metió en la mullida cama. Sí, desnudo.
Enrique dio las buenas noches a María y se quedó dormido abrazándola por la espalda.

El día siguiente amaneció con una baja sensible en la temperatura. El invierno se aproximaba y aunque Bacaira era una ciudad templada, debido a su gran altura sobre el nivel del mar, se sentía el día airoso, nublado y abajo de los 10 grados centígrados. Enrique se despertó como siempre entre las seis y media y cuarto para las siete: su despertador biológico era infalible, aunque muy molesto en los días en que se desvelaba y deseaba dormir hasta tarde. Se lavó manos y dientes y se metió un pullover, un suéter deportivo y unos pants, medias y tenis deportivos. Salió trotando hasta el gimnasio del club, a unas tres cuadras de su casa, y allí saludó a Pedro, el recepcionista y ayudante del gimnasio, quien había aprovechado muy bien los ratos libres y portaba orgulloso un musculoso cuerpo.

Durante los primeros 40 minutos trotó en la banda, conectado a los audífonos que dejaban oír las noticias del monitor de televisión que estaba frente a cada caminadora. Después se pasó al área de equipos ejercitadores y gastó los siguientes 45 minutos haciendo su rutina de todos los jueves: pecho y espalda. Allí mismo se dio un baño y se afeitó, no sin antes meterse cinco minutos en el baño de vapor del club. Prácticamente todo mundo le saludaba. Su trayectoria empresarial le había granjeado la amistad y el respeto de sus conocidos y amigos.

Su primer actividad profesional comenzaba a las nueve de la mañana, por lo que con tiempo suficiente salió ya bañado y vestido del club, 25 minutos antes de la hora, tiempo suficiente para llegar a su oficina. Después de entrenar se tomo su licuado de alta concentración de proteína.

Karla como siempre, ya le tenía una taza de café americano, bien cargado y sin azúcar en su escritorio. Su puntualidad rigurosa le permitía a Karla anticipar la taza de café unos cuantos minutos antes de la llegada de Enrique, sin riesgo de que se enfriara.
Enrique saludó a Karla con un beso en la mejilla. Le dio instrucciones para el día y se dirigió al contiguo salón de juntas para llevar a cabo una rápida revisión del área de tráfico.

Paty

Karla avisó a Enrique que se encontraba en la recepción una chica del área de producción, llorando y en pésimo estado anímico, solicitando verlo. Enrique jamás cerraba la puerta a nadie y siempre estaba dispuesto a recibir a cualquier compañero de trabajo, mientras no estuviese en alguna reunión importante y su tiempo y agenda lo permitieran. De hecho casi nunca resolvía nada ni tomaba ninguna acción sin antes consultarlo con el líder directo del compañero, o bien, canalizaba a la persona a la dirección de desarrollo humano. Tenía mucho cuidado en jamás brincarse la autoridad de alguno de sus compañeros líderes.

—Pásale, por favor. Discúlpame, pero no recuerdo tu nombre. Le dijo cortésmente.
—Patricia Gallardo, señor —respondió la chica, visiblemente afectada.
—Me gusta que me llamen por mi nombre: Enrique. Patricia, dime qué te pasa.

Patricia levantó la mirada y se despejó de la cara los desaliñados cabellos, mostrando una cara llena de huellas de golpes recibidos. Para Enrique era obvio que los golpes eran recientes: el ojo derecho estaba amoratado y mostraba algunos moretones en los pómulos, además de notársele una cortada e hinchazón en el labio.

—No pude llegar a trabajar a tiempo y seré sancionada, señor; le suplico me permita entrar a mis labores a esta hora, necesito muchísimo el trabajo. —Contestó Patricia sin hacer caso de llamarlo Enrique.
—¿Qué te pasó, Patricia? o, ¿debo llamarte Paty? —Respondió Enrique levantándole cariñosamente la cara para poder observarla, o quizá para lamentar en su interior que ese bellísimo rostro estuviese lastimado.
—Me golpeó Adrián, mi esposo —dijo Patricia—. Y sí, me gusta que me llamen Paty, señor Enrique. Añadió.
—¿Ya fuiste a la enfermería? ¿Ya te revisó el doctor? —Inquirió Enrique.
—No, solamente me interesa reincorporarme a mi trabajo. Son golpes superficiales, ya se me quitarán. No es la primera vez. —dijo Paty.
—A ver, siéntate. Platícame, por qué te golpeó tu esposo —Preguntó Enrique acercándole una silla— ¿Lo hace con frecuencia?

Le marcó a Karla por el intercomunicador para pedirle su presencia.

—¿Deseas algo: agua, un café, un refresco? —Añadió Enrique, viendo a Karla.

—Sí, está bien un vaso de agua, gracias. —contestó Paty.

Enrique le pidió a Karla que le filtrara las llamadas por un rato. Karla asintió dejando, como de costumbre, la puerta abierta.

—Platícame un poco de la situación en tu casa, Paty, —dijo Enrique al tomar asiento y acercándose a ella con un gesto paternal.

—Estoy casada con un animal —Susurró ella, mirando el piso—: Me golpea cada que llega borracho... y cada vez es más frecuente.

—¿A qué se dedica? Siéntete en confianza. Platícame todo, quizá pueda hacer algo por ti. Armando el director del departamento de desarrollo humano, a quien debes de conocer, es una gran persona, puedo hablar con él.

—Dijo Enrique.

—¡No! Ni se le ocurra —Dijo Paty alarmada—. Seguro me volverá a golpear, es un hombre muy malo... y no era así. Cuando lo conocí era bueno y cariñoso, bueno así me lo demostraba, pero cuando nos casamos y me fui a vivir con él, comenzó a tomar mucho. Por lo mismo, hace dos años bajó mucho su nivel, ahora es un 5; por lo mismo perdió su trabajo y no le quedó más que juntarse con los amigos mal vivientes del pueblo. Después comenzó a robar y a meterse en cosas ilegales. Ahora ya es un 2.1; será imposible que alguien le dé trabajo. —Finalizó Paty.

—¿Qué nivel tienes? —Preguntó Enrique.

—He estado subiendo y espero el año próximo ser una 8 cuando menos: soy una 7.8. He estado preparándome

y tomando cursos, cuando menos todos los de superación que nos dan aquí en la fábrica; además hago cuatro horas de trabajo social en el banco de alimentos que está en la central de abastos —Explicaba Paty apurando el trago de agua.
—¿Por qué te golpea? —Preguntó una vez más Enrique.
—Por cualquier cosa. Porque llega borracho, porque no está la comida a su gusto, por lo que sea, está lleno de odio y dolores.
—¿Tienen hijos?
—No, me estoy cuidando. —Respondió Paty.
—A ver, vamos a pedirle a Armando que se dé una vuelta por tu casa y platique con él, quizá pudiéramos ayudarle rompiendo el círculo, ofreciéndole un trabajo y ayudándolo a subir su nivel. —Decía Enrique mientras estaba marcando el número de la extensión de Armando.
Un minuto después, llegó a la oficina de Enrique. Armando era gran amigo suyo desde hace varios años y líder de la Dirección de Desarrollo Humano.

Enrique le platicó la situación de Paty y le pidió especial atención en ello. Deseaba de corazón poder ayudar a esa chica: no solo por lástima, sino como una obligación de su puesto y una responsabilidad por tratarse de una chica que estaba a punto de llegar a nivel 8. Además, éste era un punto en el cual Enrique nunca había reparado durante su liderazgo profesional.

Después de una charla, Armando y Paty salieron de la oficina, con la debida recomendación de ser llevada a la enfermería y solicitarle al líder de Paty que le permitiera reincorporarse a su trabajo de inmediato.

El incidente le dejó un mal sabor de boca: ¿cómo era posible que en pleno siglo XXI continuara el machismo tan encajado en su sociedad? Sabía que golpear a la esposa era un delito catalogado en el código penal, pero al mismo tiempo estaba consciente de que nadie le daba la importancia debida. Con una pequeña fianza el culpable salía libre unas horas después, burlándose del sistema y quizás aumentando su nivel de agresividad contra su pareja. Y todo gracias al sabor de la impunidad. El machismo es uno de los problemas más arraigados en las sociedades latinoamericanas.
No iba a permitir que eso sucediera en este caso, conocía de cerca desde al Gobernador del Estado hasta las autoridades locales. Usaría sus influencias y amistades si fuese necesario.

Durante el resto del día Enrique continuó sus actividades de manera rutinaria, pero no pudo apartar de su mente la hermosa cara de Paty... Golpeada.
Antes de salir, habló a Desarrollo Humano y pidió una copia del expediente de Paty; quería saber más de ella. Cuando lo tuvo en sus manos, revisó cada detalle de la chica, -cuando menos la información disponible en la empresa-, y entró a la web para verificar la información del sistema central comparándola con la proporcionada por Paty y la que mostraba su expediente.
Toda la información era congruente: Paty tenía más de tres años laborando en la empresa, su conducta era

intachable solamente opacada por algunas faltas y retardos injustificados, -de los que dedujo la causa-, era una persona digna de mantenerse en la organización, pero sobre todo, digna de ser ayudada y protegida.

La información de la página central del gobierno no era mucha. Así pasaba con personas que no tenían gran trayectoria o importancia política o económica, a pesar de que los programas de diseño de la página Gubernamental del Nivel, habían sido diseñados por igual para todos.

Con los años, se engrosaban más los archivos de las personas de más alto nivel, o los de las personas que tenían cierta importancia por su puesto o trabajo, y a las de más bajo nivel se les ponía menos atención y la página mostraba menos información. Eso también tenía su lado bueno, ya que otra manera de engrosar la información en los archivos era con la información de las violaciones a la ley que siempre quedaban registradas.

En la página de cada persona aparecía el historial de trasgresiones a la ley, desde crímenes importantes hasta infracciones de tránsito.

Sin embargo para Enrique, lo que aparentaba ser Paty, era suficiente razón para apoyarla, independientemente de la información. Se veía como una persona buena y honesta, y con una trayectoria de evaluación en ascenso. Todos los líderes de empresa o gubernamentales buscan gente así para armar su equipo de trabajo.

Al día siguiente llegó Armando con las primeras noticias: Adrián era peor de lo que Paty había descrito, incluso por información de los vecinos quienes comentaban que aparentemente distribuía droga al menudeo en las escuelas. Un cáncer que la sociedad no había podido curar. Armando le comentó a Adrián que en la empresa estaban preocupados por el maltrato físico a Paty, a lo que la única respuesta de Adrián fue: *No se meta en mi vida privada, es mi mujer y puedo hacer con ella lo que quiera, y lárguese de mi casa.*

Enrique le pidió entonces que hiciera una encuesta entre las compañeras de la empresa para poder medir el porcentaje de mujeres afectadas por este mal de la violencia familiar y violencia de pareja, y cuantificar la gravedad y magnitud del problema.
Después de varios días y encuestas, Armando encontró que poco menos de la mitad de las mujeres que laboraban en la empresa, habían sido, o eran, golpeadas por sus parejas, con mayor o menor frecuencia.

—¡Una cantidad alarmante! —Comentó Enrique cuando vio el resultado; le pidió a Karla que agendara una reunión con Paty, Armando y Jesús Ortiz, conocido como Chucho, el abogado corporativo.

Una vez juntos, Enrique le propuso a Paty que encabezara un movimiento interno de la empresa para defender y apoyar a las mujeres abusadas ya fuese física o psicológicamente, basados en la ley y guiados y asesorados por Chucho.

Al principio a Paty le dio miedo y se lo externó a su ahora admirado Enrique, quien la convenció de liderar al grupo, explicándole que legalmente existían muchos recursos para detener y controlar semejantes situaciones. Podría afectar para bien la vida de muchas de sus compañeras y Chucho amplió los detalles, dándole una pequeña lección sobre la ley al respecto y sus métodos de aplicación, con el fin de darle más confianza.

Paty aceptó. Comenzó platicando con cada una de las compañeras de la lista de Armando, y al cabo de un mes ya casi todas estaban convencidas de que permitirían que la empresa las apoyara. Chucho, con un lenguaje sencillo y muy claro, les habló acerca de las disposiciones legales, y los caminos para comenzar a generar en ellas la confianza y seguridad de que podían erradicar esa situación de sus vidas. Imprimieron incluso un cuadernillo con dibujos que mostraban las consecuencias legales hacia los golpeadores o abusadores.

Las mujeres tenían al principio mucho miedo, ya que sabían que si su pareja fuese castigada por la ley, las consecuencias en casa serían peores; temían mucho la reacción y venganza de su pareja y en caso extremo, explicaba Chucho durante las sesiones, que ellas podían solicitar el divorcio con un porcentaje de los ingresos de la pareja y la protección de las autoridades durante y después del proceso. Las instruyó para que comenzaran a guardar evidencias de los ingresos y egresos de sus parejas, llevar una bitácora de las agresiones, guardando todas las pruebas y evidencias posibles, para armar las denuncias respectivas si fuera necesario.

El trabajo de Paty, Armando y Chucho consistiría también en evitar que mediante el pago de una pequeña y deshonrosa multa, o una simple fianza, los acusados salieran fácilmente de la cárcel, una vez aprehendidos.

Paty, segura de sí misma, estaba envalentonada y amenazaba a su marido con mandarlo a la cárcel si llegase a agredirla. Adrián había recibido el mensaje y durante los primeros tres meses Paty sólo había recibido quizás algún par de empujones o golpes leves por parte de Adrián.
Pero llegó el día en que Adrián llegó a su casa ebrio, en la madrugada, exigiéndole a Paty que satisficiera sus solicitudes sexuales.

—Ven acá, ramera, puta. —Gritaba el hombre mientras la seguía por toda la modesta vivienda, amenazante.
En medio de una lluvia de insultos comenzó a darle una golpiza fuera de serie al mismo tiempo que le arrancaba la ropa.

Paty salió corriendo a la calle, semidesnuda y sangrando de la boca, pidiendo ayuda a gritos.

La colonia, de nivel 6 a 8, estaba muy preparada para trabajar por la seguridad de todos, en equipo. Adrián ya había sido advertido que de no subir su calificación, tendría que buscar casa en otro lado.
Los vecinos habían sido instruidos por las autoridades policíacas en los programas de vecino vigilante, y se defendían y cuidaban entre ellos de los malvivientes y

ladrones. Tenían una estrecha comunicación con las centrales policíacas, a través de los botones de alarma instalados en muchas de las casas. Algún vecino accionó la alarma o marcó el teléfono 911.

La policía llegó en menos de cinco minutos y de inmediato sometieron a Adrián, quien en medio de su borrachera seguía insultando a Paty y tirando golpes a uno de los agentes. Los policías aprovecharon para desquitar toda la brutalidad a la que estaban entrenados, pero que mantenían latente desde "El cambio". Incluso después de haber esposado y sometido a Adrián, todavía le propinaron una buena dosis de patadas y golpes en el cuerpo, de esos que no dejan huellas físicas, tratando de dejar claro el mensaje: A las mujeres NO se les golpea.

Un policía cubrió a Paty con su chamarra, la metió en una de las patrullas, y la llevaron a una revisión médica. Ya una vez calmada, Paty llamó a Armando, quien a su vez llamó a Enrique, y ambos se dirigieron a la clínica del Seguro Social, para alcanzarla allí.

El médico encontró golpes en cara y tórax, un labio abierto y un par de moretones en pecho y piernas. Después de atenderla, darle un relajante muscular y curar las heridas, se dirigieron a las oficinas del ministerio público para hacer la denuncia de los hechos. Casi a las seis de la mañana llegaron ante el agente ministerial y solo un par de minutos después llegó Chucho para hacer la parte necesaria relacionada a su calidad de abogado.

Salieron de las oficinas casi a las 7.30 de la mañana, después de asegurarse de que Adrián no sería liberado, cuando menos durante ese día, tiempo suficiente para que Enrique, Armando y Jesús hicieran todas las conexiones y arreglos necesarios para dejar un buen tiempo en la cárcel a Adrián. Por fortuna, la empresa era de la más importantes de la ciudad y contaban con prerrogativas políticas… y amigos por todos lados.

Enrique llevó a Paty a su casa. En el camino podía entrever, en medio de los crepúsculos del amanecer, la tristeza en el rostro de esa mujer con aspiraciones al nivel 8. Al dejarla en la puerta de la vivienda, Paty intentó decir algo que Enrique contestó apresurado.

—Tengo varios pendientes esta mañana. —Dijo—Sí, ahora mismo voy a la planta.
—Te invito un café, es lo menos que puedo hacer. —Asestó Paty.
Enrique entró a la vivienda no sin antes echar un vistazo a su reloj. Una vez puesta el agua a calentar, Paty se dirigió a una habitación y regresó con un vestido sencillo y un suéter.

La casa era modesta, limpia y ordenada. Sobre todo denotaba un buen gusto, ya que los muebles rústicos barnizados en madera obscura estaban acomodados y daban un ambiente cálido al lugar.

—Trataré de mantenerlo en la cárcel un par de semanas —dijo Enrique después de un trago corto de café—, solo así aprenderá la lección y no volverá a tocarte.

—Sueñas. Es un bruto, sobre todo cuando ingiere alcohol.
—Agregó Paty.

Platicaron acerca de la casa, del decorado, de los muebles y sobre cosas sin importancia.

A pesar de haber dormido y tener los ojos circundados por unas marcadas ojeras, se veía hermosa a los ojos de Enrique, quien ya había generado un gran afecto y admiración por ella. Le dio un dulce beso en la mejilla y le suplicó que aceptara el día libre y descansara.

Ya en el camino a la oficina, Enrique llamó a su esposa, y le comentó los pormenores del incidente.

No fue difícil convencer al juez sobre la conveniencia de mantener unos días a Adrián en la cárcel, sobre todo cuando Armando y Chucho le mostraron las fotografías de Paty, de su cara y los golpes de que el médico había atendido la noche que la golpeó. Las declaraciones de los policías también ayudaron bastante.

El suceso se había hecho público en la empresa casi de manera inmediata. Enrique no preguntó quién o cómo se había generado la información, pero le dio gusto, ya que serviría de mensaje a todo el mundo: no permitirían más el abuso a las compañeras de trabajo. A las mujeres no se les golpea, cuando menos a las mujeres de los compañeros de su empresa.

Los siguientes días pasaron normales y Enrique no dejaba pasar uno solo sin ir a visitar a Paty en su lugar

de trabajo, para darle la certeza de su incondicional apoyo y comprobar su recuperación física y emocional. Al acercarse el día de la liberación de Adrián, Enrique consideró prudente que el jefe de seguridad, Lauro, estuviera cerca de la casa de Paty o mandase a algún compañero de él, por si acaso. Adrián lejos de salir cabizbajo o arrepentido, había alimentado su odio en los días de encierro y esperaba ansioso llegar a casa para hacerle entender a su mujer, quién mandaba allí.
Las cárceles no habían mejorado mucho. Ni "El cambio" había podido erradicar aún la escuela de maleantes que existía en cada una de las prisiones del país. Adrián había hecho algunos amigos y conexiones que le cambiarían la vida en el futuro.

Cuando llegó a su casa comenzó la gritería, pero esta vez no golpeó a Paty: simplemente la sacó de un empujón de la casa.
—Lárgate estúpida, tienes que aprender quién manda aquí. —Le gritó al cerrar la puerta.

Lauro y el vecino la ayudaron y le preguntaron si deseaba que llamaran a la policía. Paty llamó a Enrique para recibir instrucciones. Enrique les solicitó que fueran a su oficina.

—¿Qué quieres hacer, Paty? —Comenzó— ¿No será mejor que comiences los trámites de divorcio? —añadió Enrique.
—Sí, creo que esto ya no tiene solución. —Suspiró Paty.

—*Oquéi*. Entonces, Armando por favor coordina con Chucho las acciones necesarias para ayudarle a divorciarse —completó Enrique.

—Mientras, hospédate en un hotel y compra algo de ropa, Paty; encárgate Armando también, por favor, asegúrate de que no le falte nada. —Agregó dirigiéndose a ambos.

—Gracias, una vez más. —susurró Paty.

En la tarde, Enrique esperó que Paty saliera del trabajo para ofrecerse a llevarla a su nuevo lugar de residencia, un modesto, limpio y acogedor hotel situado a la entrada de la ciudad, elegido por Armando. Enrique abrió la cuenta a nombre de la empresa y firmó los documentos.

Ayudó a Paty a subir al segundo piso, cargando la bolsa con las cosas recién adquiridas necesarias para los siguientes días, en lo que se lograba una orden del juez para que ella pudiese tener, o su casa de vuelta, o al menos sus cosas personales.

—¿Pasas? —Preguntó Paty.

Enrique cerró la puerta y Paty comenzó a llorar. Su instinto protector lo llevó a abrazarla y ofrecerle la seguridad de sus fuertes brazos. Él se estremeció en cuanto rodeó el cuerpo de Paty, quien entre cada sollozo suspiraba y temblaba.

—Tranquila chiquilla, todo va a salir bien. —Le susurró dulcemente.

Enrique, que no supo de dónde salió el impulso, ni de dónde extraía fuerzas para mantenerse firme y no provocar ninguna actitud que fuera mal interpretada, simplemente ya se hallaba boca a boca con Paty, y lo que había comenzado como un beso amigable y protector, se prolongó por varios minutos convirtiéndose en un apasionado beso, mientras los sollozos de Paty se transformaban en agitada respiración. Si alguien le hubiese preguntado a Enrique qué o quién inició ese beso, hubiera contestado que fue el destino.

Unos minutos después estaba haciendo el amor con una de las mujeres más hermosas que conocía, y tan joven que casi podría haber sido su hija. Paty le producía una mezcla de deseo y de ternura. Quizá su instinto protector lo estaba guiando…O sería el paternal. No supo cuánto tiempo había transcurrido, solo estaba allí, entrelazado con ella. Enrique con un dulce beso en los labios se despidió no sin antes susurrarle:

—Será entre nosotros, ¿verdad?
—No te preocupes…—Respondió Paty.

En el camino a casa Enrique llevaba todavía el sabor de Paty en su boca y el recuerdo de la tersura de su piel en sus manos. Una sensación de culpabilidad lo embargó cuando cruzó el portón de su residencia. El amaba a su esposa, de verdad la amaba, y nunca le había sido infiel. Como era costumbre, María lo alcanzó a la entrada y lo recibió con un tierno beso, mientras sonaba el estruendo de la música que salía de los cuartos de sus hijos, al mismo tiempo que corrían a recibirlo.

—¿Cenamos fuera? Tengo ganas de comida china. — Dijo Mariana. ¿Cómo estuvo tu día?
—Normal, un poco tenso, vengo cansado. —Respondió Enrique con un dejo de verdad.

No podía dejar de sentir las piernas flojas, agotadas por la intensidad de la locura de amor que acababa de vivir. Pensaba que su cara lo delataría, su olor, su cansancio… Estuvo muy incómodo durante la cena, hasta que volvieron a casa. De inmediato reiteró su agotamiento para apurar su llegada y abrazarse a su cojín favorito, y evitar alguna iniciativa sexual de María. Aunque estaba en verdad exhausto, no podía conciliar el sueño; la imagen de Paty, de sus senos, su olor, sus besos, sus gemidos, le imposibilitaban dormir.

ADRIÁN

Qué se creía esa idiota. A él nadie lo abandonaba. Él era Adrián Camacho. Por un lado sentía furia y coraje contra la actitud de Paty; y por el otro, su vida era un desastre, tan solo comparada con la de un perro abandonado. Amaba a Paty, de verdad la quería, pero él era así, así lo habían educado, así era su padre, y así ella lo tenía que aceptar. Para eso se había casado. Y pensaba que nunca más, ni con un milagro, volvería a conseguirse otra mujer como Paty, de gran belleza física y una 7.8. Además de que su nivel estaba en aumento y tenía un buen trabajo que aseguraba los gastos básicos de la casa y... su casa, antes un hogar, ahora era un verdadero cochinero. Había platos sucios amontonados por todos lados, polvo y basura acumulados en los rincones; el refrigerador sucio y vacío, ropa sucia en la recámara, cerros de ropa sucia.

Adrián había sido educado en una ambiente totalmente machista, su padre se lo había enseñado, su madre lo había consentido, y Paty lo había aceptado... por un tiempo. No sabía ni freír un huevo. No tenía trabajo. Su nivel estaba en el piso. No conseguiría trabajo. Su odio a la vida y a la sociedad iba en aumento. Para colmo, la junta de vecinos le exigía que se fuera del vecindario de inmediato, pues su nivel estaba muy por debajo de lo permitido para esa colonia. Si habían sido tolerantes era por Paty, a quien todos los vecinos estimaban y apreciaban.

Tenía que recuperar a Paty. Tenía que averiguar qué había provocado tal cambio radical en ella; ya le había pegado antes y no pasaba de ser algo de casados. Salvo pedirle perdón cuando la buscaba sexualmente, o cuando necesitaba ropa limpia, o cuando tenía antojo de algún platillo favorito, o cuando recibía amigos en su casa a ver el fútbol. Algo había sucedido, alguien o algo la estaba cambiando. Comenzó a investigar platicando con algunos amigos y conocidos que laboraban en la fábrica.

No fue difícil saber del movimiento feminista gestado en la empresa a favor de las mujeres abusadas. Le cayó de verdadera sorpresa enterarse que Paty era la lideresa del movimiento y que había convencido a muchas de sus compañeras a unirse al grupo y tomar acciones legales contra sus parejas.
¿Qué o quién le habría ocasionado ese cambio a Paty? Adrián se pegaba contra la pared reconociendo que su amada y golpeada mujer, Paty, nunca había sido líder de nada. De nada. Su frustración explotó al día siguiente cuando recibió un citatorio para presentarse en los próximos tres días en el juzgado por causa de una demanda de divorcio, acompañada de una denuncia de

golpes, amenazas e injurias. De nada bastaron sus gritos, sus argumentos ni amenazas contra el juez cuando allí mismo le notificaron una orden judicial que le impedía acercarse a Paty, so pena de cárcel. Estaba enloquecido.

Para descargar su ira, de regreso a casa rompió varios adornos lanzándolos con furia contra la pared. Una vez tranquilo, no tuvo más remedio que pedirle ayuda a su madre para organizar y asear su desaliñada morada y tratar de tener algo de comida en la despensa: había juntado algún dinero con la venta de droga a las escuelas. Paty desconocía esa nueva y jugosa actividad de Adrián y el estaba seguro de que si le demostraba su nueva situación económica, tendría argumentos de sobra para reconquistarla: *a las mujeres las cautiva el dinero,* pensó.

Su madre llegó a la casa por la tarde y se quedó boquiabierta con lo que vio cuando Adrián la abrió la puerta.

—Te dije mil veces que no te casaras con esa mujer de lejos se le veía lo cusca, era mejor la Lupe, la hija de don Zeferino. —Espetó su madre mientras comenzaba gruñendo malencarada la ardua labor de reorganizar ese desastre.

En realidad a su mamá nunca le había simpatizado Paty, pues aparte de envidiar su gran belleza física, su experiencia como mujer le decía que sería muy asediada por los hombres. Y ahora estaba segura de que andaba con otro hombre y que le había "imputado" eso de golpeador a su hijo. Adrián, que ni siquiera había pensado en esa posibilidad sintió alfileres clavados en el estómago. Esa noche la pasó en vela. Tenía que llegar al fondo del asunto, saber qué estaba ocurriendo. La sola imagen de Paty con otro hombre le provocaba agruras y malestar estomacal. Otra vez sintió alfileres clavados en el estómago.

Al siguiente día acudió al juzgado, sólo para enterarse de las condiciones de la demanda de divorcio. Golpes, falta de atención, injurias, abuso mental, abuso sexual... (¿Abuso sexual?) bajísimo nivel no acorde con la pareja -¡el maldito nivel otra vez!-; falta de trabajo e incompatibilidad sexual, eran algunas de las causales de la solicitud de divorcio. No le dieron ninguna esperanza de arreglo, tenía todas las de perder. Le recomendaron ni gastar en un abogado. Por si fuera poco le reiteraron la orden de mantenerse lejos de ella y le notificaron un plazo de 30 días para entregarle la casa. ¡Su casa!

El corazón de Adrián era demasiado chico... le cabía una inmensa cantidad de odio.

ENAMORADO

Enrique ya no podía mantenerse lejos de Paty. De manera muy discreta la había ascendido de puesto, y ahora era lideresa en el área de trabajo social. Sus ingresos casi se habían duplicado. Habían trascurrido sólo tres semanas desde el inicio de su romance y cuando menos siete veces habían estado juntos. Estaba convencido de que no existía otra persona en el mundo más perfectamente para él que Paty. Estaba enamorado... No, no era amor, estaba apasionado. Ansiaba estar con ella. Sus sesiones de amor eran lo máximo que le había ocurrido en su vida sexual. El sexo era bueno con María, pero ya habían pasado muchos años desde que la pasión había desaparecido de sus vidas. Ahora ese espacio lo llenaba una fría, cordial y armoniosa relación. Estar con Paty era como un cerillo incendiando gasolina. Paty era multiorgásmica, lo que le daba un sabor extra muy especial.

Cuando él comenzaba a agotarse, Paty explotaba en un nuevo orgasmo, lo que le daba el tiempo necesario para reponerse y recomenzar. Se sentía como superhéroe con ella. La diferencia de edad ni siquiera lo consideraba un problema. Apoyado ahora con tanta tecnología disponible para ayudar a los hombres maduros como él, de 43 años... De todos modos intensificó su rutina de ejercicio, ya que tenía el ego a su máxima capacidad. Comenzó una dieta de bajísimos carbohidratos y altas proteínas para reafirmar su musculatura y desaparecer algunas evidencias de grasa por un descuido.

Comenzó a delegar un poco más de lo que estaba acostumbrado en sus segundos mandos, a fin de encontrar espacios en su agenda manteniendo su hora de llegada habitual a casa. Estaba convencido de que había rejuvenecido muchos años, si bien no cronológicos, sí mentales.

La energía que producen el amor y la pasión es la mejor fuente de la juventud. Ahora seleccionaba ropa mucho más juvenil, y cambió su vieja loción por una fresca y moderna, firmada por un diseñador de moda. Incluso, por primera vez, se pintó algunas canas del bigote. Quizás hasta se lo quitaría.

Paty estaba radiante. De golpe había descubierto un nuevo mundo. Ahora tenía relación con un maravilloso hombre de nivel 9.6. El director de la empresa, el hombre bueno, rico, guapo, fuerte, tierno y varonil. Era como descubrir un tesoro sin haberlo buscado. Pero sobre todo había probado las dulces mieles del amor. Lo que creyó haber sentido algún día por Adrián, era ahora como un recuerdo muy lejano, de alguna manera, un error pasado: definitivamente no fue amor. Esto sí lo era. Ni en su mejor día con Adrián había llegado a vibrar como vibraba ahora cada vez con Enrique. Estaba experimentando el más grande amor que algún ser humano podría sentir, de esos que no caben en el pecho.

El mundo que había descubierto era nuevo: las atenciones, la ternura, los detalles y los increíbles momentos en la cama. Solamente lo había visto en algunas novelas y películas *hollywoodenses*. A Adrián no le gustaba ver películas eróticas o pornográficas; según él para que no se le ocurrieran cosas a Paty. Su madre jamás le había hablado de sexo, por lo que cada movimiento, cada posición, cada acción de Enrique, eran un mundo nuevo e inexplorado para ella. Placentero. Cada gemido, cada latido, era como descubrir todos los días un nuevo atajo al paraíso, al cual llegaba en cada orgasmo. Y cada día era más y más placentero.

Enrique tuvo que explicarle sus multiorgasmos, ya que si bien ella había experimentado algún orgasmo pocas veces, nunca de manera repetida y tan intensa cada vez. Terminaba totalmente agotada en cada encuentro.
    Ahora había alguien que se preocupaba de verdad por ella. No en vano, Enrique le pidió al médico de la planta que le hiciera pruebas de ETS y VIH por aquello de Adrián, y un electrocardiograma, por aquello de los muchos orgasmos exhaustivos.

Paty admiraba y amaba cada cosa relacionada con Enrique, cada gesto, cada movimiento, cada segundo a su lado. Para completar su felicidad, le avisaron que le devolverían su casa, de la cual sentía pertenencia de verdad, ya que había realizado siempre la mayor parte de los pagos de la hipoteca con su sueldo, y había sido la promotora de la adquisición. De hecho, el crédito hipotecario estaba a su nombre, y por consiguiente, la propiedad. Le informaron que la junta de colonos tuvo que emplear la ley para evitar que Adrián entrara al fraccionamiento, por su bajísimo Nivel.
Ya ni siquiera pensaba en Adrián. Lo había desechado como cuando se tira un par de zapatos viejos a la basura.

Ahora ganaba mucho más dinero, tenía un trabajo muy cómodo, y curiosamente con mayor flexibilidad de horario, planificado por Enrique, que les permitía sus frecuentes escaramuzas aún dentro de las horas de trabajo. Enrique le ofreció ayuda para comprarse un automóvil, algo que hace apenas algunas semanas, estaba fuera de su esquema. Ni hablar de los perfumes y los vestidos de marca que le había obsequiado. Solo faltaba presentarles a Enrique a sus papás.

Al pensar en eso se estremecía, bueno mejor no lo pensaría.
Adrián había avanzado mucho en sus pesquisas. Cinco días después del abandono -dos después de la notificación de divorcio-, ya sabía dónde vivía Paty, o más bien, en qué hotel se alojaba, gracias a Jorge, esposo de una

compañera de trabajo de Paty. Cuando lo supo sintió un gran alivio, pues temía que Paty hubiese huido con alguien. Dada la amenaza del juez, y después de los desagradables días que pasó en la cárcel, decidió no hacer evidente su cercanía a Paty, pero ya estaba bien cerca de ella. Debía mantenerse invisible.

Comenzó a seguirla durante varios días; la observó de lejos, bueno, cuando menos en el trayecto desde el hotel hasta la parada del microbús de la empresa. A la salida del trabajo la cosa era un poco más compleja, le costaba más trabajo detectar su salida de labores y su viaje al hotel. Algo raro estaba pasando porque ahora no tenía ninguna rutina como antes. Nunca sabía a qué hora salía.
Se acercaba el día marcado por el maldito juez. Tenía que salirse de su casa el próximo lunes; no le quedaba más remedio que pedirle a su mamá posada por unos días.

Por estar vigilando a Paty y juntado dinero con su nuevo oficio, no había tenido tiempo suficiente para buscar una nueva casa; la verdad es que no se había resignado a perderla, igual que a Paty. Además, con el pésimo nivel que tenía, le sería imposible conseguir algún lugar decoroso donde vivir rentando, y ni pensar en un crédito hipotecario.
Su antigua casa la habían obtenido en esa colonia entre Paty y él, antes de que su nivel se fuera al piso y con el nombre y referencias de ella. Ahora con nivel 2.5 tendría acceso a colonias infames e inseguras, donde se malvive

a salto de mata, conviviendo con malandros y bandidos, quienes se roban entre ellos. De ninguna manera él iría a vivir allí. Él era de otro nivel. Lo mejor era irse con su madre por algún tiempo, en lo que se le ocurría algo y convencía a Paty de reanudar su relación.

La casa de su madre era un poco vieja, sobre todo descuidada, pero estaba en una colonia donde había todo tipo de personas. La gente que habitaba allí ya tenía mucho tiempo, y no se afectaron mucho con "El cambio". Adrián tendría que convivir con la pareja de su madre: Mario, quien había sustituido a su padre cuando emigró a los Estados Unidos en carácter de ilegal y nunca volvió. Pero esa relación, sin ser afable ni amistosa, era tolerable.

A Marta, su madre, no le gustó nada la idea de tener de regreso a Adrián, ya que si bien lo quería mucho, sabía o intuía los malos pasos en los que ahora andaba, solo que resultó fácil convencerla con el argumento de que pagaría la despensa de toda la familia cada semana mientras le diera alojamiento... también se haría cargo del recibo de la electricidad, cada vez más caro. Lo único bueno de regresarle la casa a Paty, es que ahora sí podría observarla bien. La vigilancia en el hotel era complicada.

A regañadientes y de pésimo humor, diciendo entre dientes una serie interminable de maldiciones mientras empacaba, sacó sus cosas personales y lo más que pudo de sus muebles. Su economía mejoraba a pasos agigantados. Si seguía así en breve podría comprarse un

auto usado. Nunca había tenido uno, aunque su hermano mayor le prestaba el suyo con frecuencia. Esta vez tuvo que rentar una camioneta de alquiler para hacer la muda.
Y amontonar sus cosas en un mínimo espacio disponible.

Paty recibió su casa feliz. Aunque Adrián se había llevado el refrigerador, el estéreo y las pocas cosas de valor que tenían, sobre todo los electrónicos. Bueno, pero era mejor estar así que como antes. Tendría que recomenzar a completar sus artículos básicos, pero eso sería fácil. Su nivel le permitía acceder a créditos de cadenas muebleras, y sus nuevos ingresos le aseguraban la posibilidad de pagarlos sin verse apretada en sus finanzas, además de que ya no tendría que mantener a Adrián. En menos de tres días su casa se vería radiante, con cuadros y cortinas nuevas. Ahora su toque femenino se notaba en cada rincón. Estaba lista para recibir allí a Enrique.

  La primera visita fue de lo más emocionante, no se cansaba de mostrarle los cambios que había hecho en la casita y el ambiente tan cálido y acogedor que había logrado. Solo le preocupaba un poco la ausencia total de Adrián. No esperaba que se rindiera tan fácil. Sabía bien lo que sentía por ella, y aunque fuera para vituperarla, esperaba haberlo visto o saber de él. En fin. En tres meses estaría divorciada, y sería de nuevo libre legalmente, pues ella ya disfrutaba de su libertad.

Enrique llegó con un flamante y precioso equipo de música y se dispuso a instalarlo. El era fanático de la música clásica y nada mejor para hacer el amor que el fondo de un buen concierto de piano, quizás algunas Arias o el concierto de Aranjuez. Lo instaló exactamente donde se encontraba la vieja grabadora de Paty. Hicieron el amor como locos, como si fuera la primera vez, o fuese a ser la última…como siempre lo hacían.

A las 7.45 decidió salir, cuando la penumbra de los primeros días de diciembre lo protegía de las miradas curiosas. No se veía con frecuencia por esos rumbos un flamante porsche rojo y eso le preocupaba: debería de instalar una cochera cerrada, o cuando menos, un portón eléctrico que le permitiera la discreción necesaria. También debía pensar en adquirir un auto menos vistoso, pero el solo hecho de imaginarse en un coche distinto al suyo, le provocaba desechar la idea. Decía que una vez que se maneja un bólido como el suyo, no se vuelve uno a adaptar a otro vehículo. El 911 era su favorito, y ni siquiera los más recientes modelos le harían cambiar de opinión.

En la esquina, entre las penumbras, estaba Adrián observando todo. Sabía de la protección de Enrique a sus empleados y que era muy cercano a ellos, pero con Paty… Era demasiado tiempo y demasiada protección y la sensación de los alfileres clavados en el estómago le llegaba ahora al cerebro.

Había guardado sus copias de las llaves de la casa y al día siguiente entraría a ver si encontraba alguna señal o pista que le diera más información. Paty no había tenido el cuidado de cambiar las combinaciones de las cerraduras.

Poco a poco se fue convenciendo de que Enrique se había convertido en amante de Paty. Las visitas tan frecuentes eran suficiente prueba de que eso estaba sucediendo, aunque algo en su interior le decía que pudiesen ser solo amigos. Cada que se le venía la imagen de Paty amando a Enrique, se le nublaba el cerebro de ira, y volvían los alfileres al estómago.

Gracias a los amigos que ahora presumía tener, amigos que enlazó durante su estancia en la cárcel, sobre todo la de Daniel, su campo de acción estaba en aumento y su futuro, asegurado. Ya cubría dos colonias importantes y estaba reclutando a dos chicos pandilleros para aumentar su camarilla de distribuidores de menudeo. Compraría un auto de contado, pues nadie le daría crédito sin un trabajo demostrable y con su nivel tan bajo.

Por ahora disponía del auto de su hermano casi todo el día, pues mientras él trabajaba en una empresa refresquera de repartidor, Adrián lo utilizaba para sus actividades ilícitas, sin que su hermano supiera. De todos modos él había invertido ya en unos flamantes rines deportivos y unas llantas nuevas, para convencer a su hermano que era buena idea compartirlo. Sería solo por un tiempo, en lo que completaba para su auto, y podía conservar las llantas y los rines cuando él adquiriera el suyo. Llamó a Daniel y le explicó la situación pidiéndole consejo.

—Es fácil —le dijo Daniel—: compra una cámara de video miniatura con control remoto e instálala en la casa de Paty apuntando a la alcoba, aciónala desde afuera cuando pienses que pueda pasar algo. —Concluyó.

Daniel sí sabía resolver los problemas, e hizo exactamente lo indicado por él. Fue a la tienda de electrónica más grande y después de evaluar varios modelos, encontró el equipo de grabación que necesitaba. Lo llevó a casa y esa noche hizo varias pruebas con él, verificando su funcionamiento. Solo tenía que apagar un pequeño foco rojo que indicaba que la grabadora estaba encendida para evitar que se notara su presencia. Cuando estaba a punto de desarmarla para quitar el foquito, le pegó un chicle, tapándolo.

A las diez de mañana del día siguiente ya estaba en casa de Paty, mejor dicho, en su casa acomodando con mucho cuidado el dispositivo debajo de la cómoda donde Paty guardaba ahora sus cosméticos, apuntando a la cama. Por cierto que le llamó la atención lo linda y bien equipada que estaba ahora la morada. Antes de las cinco de la tarde, al menos una hora previa a la llegada de Paty, la pequeñísima cámara había sido instalada y probada. Ese día no llegó Enrique, ni el siguiente, pero el jueves en la tarde, la tediosa espera terminó.

Tan pronto estacionó el auto, y entró a la vivienda, Adrián se acercó lo más posible y accionó la cámara con el control remoto, al cabo que la memoria electrónica le daba para más de dos horas de video grabación. Quedaría registrado cada sonido en la casa y la imagen de ellos en la alcoba, si llegaran a entrar a la recámara.

Como siempre, Enrique salió antes de las ocho de la noche de la casa de Paty. Adrián ya no se acercó a apagar el aparato. La noche fue demasiado larga. Era tanta la excitación creada por la necesidad de saber lo que allí había grabado, que difícilmente pudo conciliar el sueño.

Al día siguiente regresó a recuperar su equipo de grabación. Cuando pudo ver la película, su rostro se transformó, incluso tuvo que salir al patio a patear un viejo bote de basura y lanzar un par de gritos al cielo. Todo el odio y la ira del mundo se concentraron en ese momento en él. Se juró a si mismo que lo mataría.
Entre tanta emoción conjunta estaba el morbo, así que soportó todo el tiempo de la grabación, dándose cuenta de la pobre relación sexual que había sostenido con Paty.

Por primera vez se convenció de que ya no era suya.
Ni lo volvería a ser.

María

Adrián se gastaría los siguientes dos días grabando una docena de películas en DVD, y averiguando las direcciones y nombres de la esposa de Enrique, del dueño de la empresa, del cura de la iglesia donde asistía, del juez que lo había citado; en fin, de todas las personas que pudiesen participar en la evaluación anual de Enrique, y, guardó una copia para los papás de Paty. Redactaría -terrible porque ni escribir sabía- una nota dirigida a cada uno de los destinatarios, recomendando ver con detenimiento el video para que descubrieran la doble vida de Enrique. Empacaría los videos en sobres bien cerrados y los habría mandado por mensajería especializada.

Cuando el paquete arribó a la casa de Enrique, María pensó que sería para él, aunque venía claramente su nombre en el sobre y un letrero escrito a mano que decía Personal. La curiosidad y su sexto sentido la llevaron de la mano a su recámara para ver el contenido del video. La desesperación, coraje, frustración y celos golpeaban su corazón y ofuscaban su mente. Más de una hora estuvo sollozando encerrada en su recámara, y decidió dejar el disco de video puesto en la maquina reproductora para que fuese el mismo Enrique quien lo viera por la noche. Por más que quiso disimular y actuar de manera normal, le resultó imposible.

María, al escuchar la llegada de Enrique, le pidió que fuera a la recámara y viera el regalo recibido. El hombre se sentó frente a la televisión, extrañado por la actitud y agresividad de María. Enrique palidecía sintiendo esa rara sensación en las piernas cuando no tienen la fuerza necesaria para sostener el cuerpo.

Con los ojos llenos de lágrimas, María sacó la maleta más grande que utilizaban para los viajes largos; la aventó en la cama, saliendo de la recámara y azotando la puerta. Enrique trató de calmarla y dar alguna explicación, lo que fuera, incluso la verdad… pero María estaba enloquecida y furiosa y no era el momento oportuno para hablar con ella. Enrique tomó algunas cosas básicas y salió. Se fue directo a casa de Paty. Esta vez algo se dijo que podía dejar su auto en el frente de la casa sin esconderlo a la vuelta de la esquina.

Paty estaba leyendo, pero el resto del libro ya había quedado atrás cuando Enrique le dijo todo lo sucedido. A ella le parecía obra de Adrián, pues ya le parecía demasiado extraño su silencio en semanas. Enrique no pudo contestar acerca del futuro de ambos, bueno de los tres porque María era su vida, y eso bien lo sabía la mujer de nivel 7.8; nunca le había mentido acerca de su matrimonio. Pero ya era tarde y solo atinó a tomarse dos pastillas para dormir. Por primera vez estaba acostado al lado de Paty sin hacer el amor, ni experimentar excitación.

No había descansado a pesar del sueño inducido por las pastillas, y despertó al cuarto para las siete. No pensó en el gimnasio: no traía su equipo deportivo. Se bañó, afeitó y vistió, llegaría más temprano que de costumbre a su oficina. Solo besó a Paty quien continuaba acostada… y llorando.

Lo primero que decidió hacer fue escribir una carta a María explicándole todo y reiterándole que la amaba, en verdad la amaba. Raúl, su amigo y socio mayorista de la compañía, le pidió que fuese a su oficina. Presintiendo algo grave por el tono de su voz, abrió la puerta. Quizás María le había comentado algo. Raúl, era obvio, ya lo sabía cuando le dijo con cierto cariño que ahora sí estaba en problemas, mientras lo llamaba mi Henry y le mostraba el sobre y el disco.

Enrique frunció el ceño: estaba claro que él ya estaba enterado. Entonces no le quedó más que decirle de la escena con María, la noche fuera de casa y todos esos revoltijos que en su mente todavía no se asentaban.

Raúl no comprendía cómo *Henry* se había metido con una empleada de la empresa, pues la regla para los jefes era inquebrantable: jamás meterse con alguien de la nómina. Enrique no tuvo más remedio que revelar su pasión por Paty, su belleza, la pasión compartida de esa que no se planea por espontánea. Raúl parecía tranquilizarse y no le quedaba más que reiterarle la profunda amistad de años; recordó también las aventuras de tiempos pasados no sin advertirle que se convertiría en un problema mayor que podría afectar su nivel, y ya cercanos a Enero y las evaluaciones, podría ser desastroso. Le pidió que recordara que el consejo administrativo tenía muy claro que su puesto no podía ser ocupado por alguien de nivel inferior a 9. Esa regla la había sugerido Enrique cuando se había gestado "El Cambio".

—Lo sé, lo sé. Tengo que arreglar esto rápido, gracias, Raúl. —Finalizó Enrique al mismo tiempo que salía de la oficina. Minutos después había decidido ir a su residencia y comer allí a mediodía. Terminó la carta para María.

En el camino compró un espléndido ramo de rosas rojas, las favoritas de María, pero no fue bien recibido. María le pidió de un grito que no volviera a poner un pie en la casa, y Mariana y Enrique junior se limitaron a reclamarle su comportamiento. Estaba claro que su mamá ya le había platicado a sus hijos acerca del regalito, y sin poder contenerse, le gritó a María que era una estúpida y que los asuntos de ellos, ellos los arreglaban solos.
Enrique gritaba molesto e irritado y cuando lo hacía era porque sabía que su corazón estaba distanciado en ese momento de María, quien le pidió que se fuera y que la dejara en paz y no volviera a molestarlos.
¡Cómo era posible que les hubiera comentado de su situación a sus hijos!, ¿Qué le pasaba a María? Hasta el

más fiero criminal tenía derecho a ser escuchado y a defenderse en todas las legislaciones humanas civilizadas. Era inadmisible, imperdonable que sus hijos se hubiesen enterado, traía grabada, no, más bien, marcada en su mente, la cara de sus hijos recriminándole lo sucedido.

El 911 rojo salió derrapando los neumáticos, como deseando dejar en el pavimento una evidencia de la impotencia que sentía y descargando su coraje con los más de 300 caballos dormidos en el interior del capó. Se acercaba la Navidad, no era posible que eso durara más. Y con ella las evaluaciones del Nivel, en Enero.

Regresó al trabajo, a encerrarse en su oficina, que en ese momento era su refugio y su lugar de reflexión y planeación. Sobre su escritorio estaba una fotografía de los cuatro juntos, y no podía dejar de verla. Por la tarde recibió una llamada del padre Lázaro. Le pidió a Karla que lo pusiera en la línea. Para su sorpresa éste lo comenzó a regañar y a recriminar: también había recibido el video. Enrique le pidió al padre llamar en otro momento porque ahora mismo tenía que organizar las ideas y, con sermones, nada de eso podría lograr.

El padre Lázaro, acostumbrado a sermonear y a ser escuchado le pidió sin miramientos que buscara otra iglesia y a otro pastor. Así de simple. Pero Enrique no era de las personas que aceptaban sermones, y menos en esos momentos. No es de los que se callan y agachan la cabeza. No, señor.

Paty y María

Enrique había sido el único hombre en la vida de María y lo amaba con fuerza. Se sentía trastornada y humillada. Su dignidad estaba hecha polvo. Por otro lado, había visto la película completa y sabía que no podía competir con Paty, pues era mucho más joven y bella que ella… y apasionada. Trataba de recordar cuándo había sido la última vez que habían hecho el amor con su esposo tan apasionadamente, pero no lo logró.

A pesar de tener una férrea disciplina de ejercicios y dieta, y de mantener su figura delgada y atractiva, no se comparaba con la belleza, lozanía y juventud de Paty. Casi 20 años de diferencia eran muchos. Económicamente también se preocupaba, pero poco. Era profesionista, administradora de empresas y tenía su propia boutique, bastante acreditada, cabe mencionarlo. Además siempre había sido la tesorera de la familia y las cuentas de ahorros e inversiones estaban a su nombre. Mientras Enrique se hiciera cargo de los gastos de sus hijos, no tendría problemas. Incluso en un desenlace grave, ella estaría bien, la ley la protegería en ese aspecto.

Cuando ya estaba más calmada le entró un profundo arrepentimiento de haberle dicho a sus hijos del problema que estaba viviendo. Aunque no entró en detalles, les dijo el mismo día en que recibió el video cuando su cabeza no estaba para hacer razonamientos: Les dijo que su papá había decidido hacer otra vida sin ellos, y se iría de la casa con su otra familia. Mariana estaba desecha y se sentía culpable, ya que no comprendía ese desamor de su papá por ella. Enrique junior guardó silencio; no lo podía creer, la relación con su papá era impecable, se llevaban como verdaderos amigos. Salió de la casa. Tenía que hablar con él. María llamó al licenciado Negrete, quien era muy amigo de la familia y era exageradamente serio y profesional. Le platicó todo lo sucedido, entre sollozos y coraje.

Negrete escuchó y le dio una suave palmada en la espalda mientras escuchaba y caminaba alrededor de la silla en la que María contaba sus angustias. Su colmillo de hombre maduro le dijo que María estaba enamorada de Enrique, aunque muy dolida. Negrete resolvió solicitarle a Enrique el dinero necesario para la manutención y gastos de la casa, y le recomendó no entablar una demanda de divorcio por ahora. Debería de darse un tiempo a ver cómo seguían las cosas. María aceptó los comentarios de Negrete y regresó a sus actividades diarias. Todas las veces que Enrique intentó llamarle por videotelefóno, no contestó el aparato, el detector de llamadas le permitía saber cuándo se trataba de él.

María pertenecía al consejo de ayuda mutua de la planta donde trabajaba Enrique, un grupo de mujeres, casi todas las esposas de los altos directivos que dos tardes a la semana daban capacitación y clases de diferentes tópicos a las señoras empleadas más pobres de la empresa, y también a las esposas e hijas de los empleados que quisieran asistir. María se había ganado el afecto de las más de cien mujeres que asistían a las enseñanzas del consejo de ayuda: Religión, sexualidad, nutrición, salud, belleza, superación personal, y también clases de manualidades, cocina, costura y otras disciplinas más.

La noticia de los videos, se convirtió en escándalo y chisme dentro de la empresa. Las personas dividieron sus comentarios y favoritismos. Había aquellos compañeros que envidiaban a Enrique por haber conquistado a la bellísima Paty, pero eran los menos. La gran mayoría repudió y criticó el hecho, ya que María era muy querida en el medio de la empresa, sobre todo entre las mujeres.

Sucedía lo mismo entre las trabajadoras, quienes los menos envidiaban a Paty por haberse quedado con Enrique, y las más, repudiaban el hecho y las acciones de ambos.

Ahora comprendían su abrupto ascenso de puesto y salario, y por supuesto habían comprendido las envidias y críticas fundadas. La gran mayoría criticaba a Paty al punto de que muchas de ellas le dejaron de hablar y saludar. No faltó chica alguna que le tenía mucha estimación y respeto a María, que le gritó palabras denigrantes en el comedor, delante de un centenar de personas.

En el medio directivo se vio con malos ojos el ascenso de Paty, pero mientras Enrique siguiera siendo el director general, nadie se atrevería a criticarlo, además de que Paty había demostrado grandes habilidades y entrega en el nuevo puesto.

Para Paty, la situación se hacía cada día más intolerable. Llegó a encontrar cartas insultantes en su guardarropa, metidas con cuidado por la ranura entre la puerta y el marco. A la hora de comer eran cada vez menos las personas que aceptaban sentarse a compartir la mesa con ella. Mientras tanto, las capacitaciones de María se concentraron en mandar toda clase de mensajes acerca de la lealtad, la familia y la fidelidad, logrando el objetivo planeado: ponerle leña al fuego contra Paty.

Ahora que Enrique se había mudado con ella, estaba frío, triste y cabizbajo, como si estando a un lado estuviese ausente. Cada que ella le decía algo o se dirigía a él, parecía distante. Fue en ese momento cuando Paty entendió la diferencia entre amor y pasión.
Enrique había estado apasionado por ella, pero su corazón era de María. Estaba destrozada, pero no se lo diría a nadie. Ni se lo demostraría a Enrique. Le pidió que buscara a su familia.

No parecía estar muy tranquilo y le pareció hasta triste, nada comparable con Enrique de meses atrás: alegre, divertido... Mi vida es un caos, le respondió él apaciguando un poco el ímpetu de Paty, quien le aseguraba amarlo con todo su corazón, pero que ni eso podría hacer que volviera Enrique. Su Enrique. Tan solo pensar en navidad sin sus hijos y su esposa, le parecía insoportable.

Paty no sabía qué hacer: si mantener a Enrique cerca de ella, o pedirle que se fuera. No tenía cómo pedírselo. Ella se iría. Todo había comenzado por ayudarla y ahora se había librado de Adrián. Presentó su renuncia a la empresa. Enrique quiso detenerla, pero todo su cabeza le decía que era lo mejor, aunque su corazón le pedía a gritos que la abrazara y besara. Llamó a Paty a su oficina y platicaron por más de una hora. Hacía mucho que no platicaban como amigos simplemente.

Enrique tomó el teléfono y llamó a un buen amigo industrial, Alejandro, de una ciudad vecina situada a solo 50 kilómetros de Bacaira. Le recomendaba entrevistar a Paty para trabajo social. Le debía una, le recordó, así que estaba seguro de que la contrataría de inmediato.

Y así fue. Paty tomó el autobús y visitó la empresa de Alejandro, y dos horas después, ya tenía un nuevo trabajo. Tendría que conseguir una vivienda rentada en la vecina ciudad, lo cual no se le dificultó, la oferta de espacios habitacionales estaba en su máximo apogeo, gracias a tantos apoyos gubernamentales en ese nicho de la industria. Consiguió una casita muy linda, muy similar a su casa de Bacaira pero casi nueva. Estaba situada en un desarrollo habitacional reciente, bardeada, segura, con acceso y caseta de vigilancia (muy adecuada para estos tiempos), con juegos mecánicos para los niños y un buen supermercado a dos cuadras de distancia. Era un desarrollo habitacional nuevo para personas con nivel mínimo de 7.5, por lo que no tuvo mayor problema en conseguir que se la rentaran.

Paty y Enrique acordaron traspasar la casa de Paty, para que pudiese adquirir otra hipoteca en su nueva ciudad, y no pagara una renta que no capitalizaba nada. Mientras, él viviría en casa de Paty y se pondría a buscar un lugar para vivir... Si es que no recuperaba antes a María.

Enrique le entregó una carta a Paty, sin decirle que era una despedida a su tórrido romance, pero ella así lo entendió.

La otra noche, mientras dormías, te pude observar, como nunca lo había hecho. ¿Sabes? Lo disfruté mucho. ¿Alguna vez te has puesto a pensar en la relación tan rara que tenemos? Somos bien diferentes pero nos llevamos bien, no puedes hablarme sin ese respeto que nos ha dado nuestra relación laboral, pero creo que sientes un compromiso hacia mí más que amor, te sientes protegida pero no sabes de qué, reconoces que deseo tener algo contigo, algo más que un amigo pero tienes miedo que eso llegue y te enamores de algo sin futuro. Pensé, porqué estoy triste cuando nos tenemos que separar, también pensé, por qué tienes que ser importante para mí y busco pretextos para estar cerca de ti.

En estos días que tengo de conocerte, me he comportado totalmente diferente a lo que he sido en muchos años, y es porque desde el primer día te amé.

Créeme que eso nunca me había pasado. ¿En dónde quedo aquel hombre seguro, que no le importa el mundo y no le da miedo nada?, ¿ese joven que a los 18 años ya sentía tener su vida resuelta, de sí mismo y siempre se había enfrentado a cualquiera?

En fin, siento que mis sueños no son los tuyos porque no tengo un futuro que ofrecerte.

A pesar de que he sido sincero contigo y que de ninguna manera he querido comprar tu cariño con regalos, te juro que he sido auténtico en cada momento que he pensado en ti.

Tus sueños no son los míos, mientras tú te vas, yo quiero que te quedes; mientras tú hablas de ser fría, yo trato de complacerte; mientras tienes un camino muy largo que seguir, yo estoy consolidando una vida que escogí hace ya muchos años.

Sabes que me preocupas, porque a pesar de mostrar felicidad, veo dentro de ti a una persona que espera encontrar a su gran amor, alguien que la valore, la ame y encuentre todo aquello que anhela. Atrás de una gran belleza existe una mujer que lo único que desea es ser feliz y algún día se dejara amar consentir y estará dispuesta a volver a amar.

¿Cómo puedo huir de esta situación, si yo mismo no quiero renunciar a algo que no tiene futuro sino solo presente, y mi corazón abriga el deseo de que nunca termine?

¿Cómo puedo alejarme de algo que me gusta tanto, pero que día a día me obsesiona? Hoy no quiero que te vayas y no sé cómo retenerte.

Esta carta te la escribo porque no tengo el valor de hacerlo en viva voz. Creo que es más bonito que conserves estas palabras con mi corazón estampado y cada vez que la leas, recuerdes que alguien te amo intensamente.

Ayúdame, por favor. Ayúdame a encontrar esa solución y dime ahora cómo me alejo de ti para que no me haga daño y regrese a mi realidad.

Gracias, Paty, por ser como eres.
Te ratifico mi apoyo incondicional ahora que ya no estemos juntos y me necesites.
Enrique.

Gracias a la entrevista con Negrete, el abogado, Enrique pudo negociar salir con sus hijos los domingos o los sábados, a escoger, pero no pudo lograr con ningún argumento que María le permitiese que pasaran la Navidad con toda su familia, mucho menos juntos. Él daría el dinero suficiente para sacar adelante los gastos familiares.

La primera salida con ellos fue el siguiente domingo, pasó a recogerlos a las 10 de la mañana y los llevó primero a misa. Al padre Lázaro ya se le había pasado la muina del otro día y recibió a Enrique con un abrazo, en la puerta de la iglesia, antes de la celebración. Enrique se adelantó al cuestionario diciendo que María no quería saber nada de él. Por su parte, Lázaro le pidió paciencia y de una manera poco vista le pidió que no perdiera ni la esperanza ni aminorara el esfuerzo.

Enrique llevó a sus hijos al recién inaugurado centro comercial de Bacaira. Durante el almuerzo intentaron platicar. Ni Mariana ni Enrique *junior* hacían otra cosa más que reprocharle a su papá la situación que su mamá lloraba, triste y deprimida. Aunque el día pasó de manera razonable, no era para nada ni lejanamente cercano a la alegre relación que tenía con ellos en el pasado. De hecho, haberle negado a Mariana y a Enrique la compra de un par de artículos caros e inútiles, le complicó las cosas un poco más. Pero bien sabía que lo último que debía hacer sería tratar de ganar su cariño con dinero o con favores, es decir comprarlo. Tenía que recuperarlo limpiamente. Lo que sí hizo, fue comprar las cosas que sabía que sus hijos deseaban para Navidad, y un bellísimo anillo de brillantes a María.

Cuando Paty sacó sus cosas de la casa ayudada por una compañía de mudanzas, Enrique no estaba con ella. No hubiera sabido qué decir ni cómo despedirse, hubiese sido un cuadro muy triste y dramático, que prefirió no vivir. Enrique depositó una buena cantidad de dinero a la tarjeta de Paty por si algo le hiciera falta. De vuelta a la casa vio el sofá que Paty había ofrecido dejarle mientras se acomodaba, así como unos enseres de cocina con una pequeña parrilla eléctrica. Enrique se sentó en el sofá, no había nada colgado en las paredes, ni flores, ni cortinas, ni cuadros. Al apagar la luz y quedar en completa oscuridad, comenzó a llorar.

Al día siguiente decidió que compraría algunas cosas básicas para estar más cómodo. No tenía intención de irse a un hotel. Un servibar o mini refrigerador, una pequeña estufa de gas, sin horno, una cama y un modesto desayunador fueron adquiridos en la mueblería más cercana; colgó unas sábanas con unos clavos asemejando cortinas y aprovechó algunos clavos vacíos de la pared para colgar unas fotos de Mariana, su hijo y María, que había traído de su oficina. Comenzó a hacer algunas llamadas para buscar salidas sociales con sus amigos, pero se sorprendió mucho cuando encontró muchas respuestas evasivas. Quizás por las fiestas navideñas. Quizás por solidaridad con María…

Habló con sus padres, quienes conocían la situación sin detalles, pero los rumores ya les habían llegado, para confirmarles su asistencia sólo con ellos a la cena de navidad en unos días más. Enrique les había comentado que se trataba de una separación temporal acordada por ambos, para arreglar algunas diferencias. Comentario que por supuesto no le creyeron ya que conocían al detalle la preciosa relación que tenía con María. María por su parte se iría a la capital a pasarla con sus hijos, sus papás y hermanos, quienes año con año se reunían sin excusa ni pretexto en la más fraternal de las fiestas. Adrián seguía progresando, a ese paso en Enero compraría un buen auto usado. Estaba enterado de la renuncia de Paty y esto le causaba cierto desconcierto.

La estrategia no le había salido bien, seguro que ahora Paty y Enrique vivían juntos. Eso lo aterraba, estaba seguro que con Enrique fuera de la vida de Paty y los nuevos ingresos que ahora percibía, sería fácil reconquistarla; claro, tendría que inventar un supuesto oficio para justificar su nueva actividad. Compraría un auto, de los robados y remarcados, muy barato, con unos amigos nuevos que acababa de conocer, y lo revendería. Con el paso del tiempo pondría un lote de autos y camionetas usados. El plan estaba trazado, solo que necesitaba a Enrique fuera de su vida. Lo que más le molestaba era pasar cerca de su casa y ver estacionado el bólido 911 rojo.

Cada que hacía eso montaba en cólera, gruñía algunas maldiciones y hacía toda clase de aspavientos. Tenía que deshacerse de Enrique, los videos no habían sido suficiente escándalo. Eso le había apagado la rabia momentáneamente, pero lo quería destruido.
O muerto.

Para Enrique la Navidad llegó como cada año, pero ésta iba a ser diferente. La reunión fue seca y callada, no podía ocultar su tristeza y decepción de estar allí, en esa fecha y lugar sin sus hijos y sin María. Por más esfuerzo que hizo su familia, solo lograron que Enrique esbozara algunas muecas durante la cena. La pasó callado y taciturno. Lo que más le torturó esa noche fue la devolución del anillo de brillantes que Enrique le había mandado a María. Cada vez veía más difícil reconciliarse con ella, pero no estaba dispuesto a rendirse.

Al día siguiente, iría a ver a Paty, quien estaba en Bacaira, pues había venido a pasar la navidad también con sus papás. Platicaron como los dos mejores amigos. Paty moría por sentir los besos apasionados y las manos que la estrujaban por todos lados, pero se contuvo y sólo pudo poner la mejilla cuando Enrique la besó fraternalmente. Se demostraron cariño y afecto, y se prometieron que una amistad eterna, sin importar lo que le sucediera a cada uno de ellos. Paty agradeció el dinero que Enrique le había depositado en su cuenta, ni lo menciones, chiquilla, le respondió. Adrián había estado buscándola por todos andaba profiriendo amenazas contra Enrique, seguramente para que se enterara. Por lo menos ella estaba en paz, encontrando su camino.

María por su parte no la había pasado tan mal. El bullicio de su numerosa familia, con sus respectivas parejas e hijos, hacía que eso en vez de parecer Navidad fuese como una romería. Sus papás fueron lo suficiente sensatos para no emitir juicios sobre su situación, y le desearon que el amor y el perdón se sobrepusieran sobre cualquier sentimiento actual. Ante tanta cordialidad familiar y tanta fraternidad, la cantidad de sentimientos negativos aferrados en el corazón de María, comenzaron a aflojarse y a retirarse.

II

Siete punto ocho

Enrique no quería tomar consciencia o más bien no quería pensar en ello, pero allí estaba presente: La próxima evaluación.

Desde el inicio de "El cambio", siempre había obtenido un nivel muy alto, que había incrementado a medida que el nuevo sistema y él como persona se perfeccionaron. Nunca se había preocupado por su evaluación pues su vida era perfecta.

Durante la primera quincena de Enero, por ley, se evalúa a las personas más cercanas a cada uno en los diferentes roles. A él le tocaba evaluar a sus papás como hijo, sus hijos lo evaluarían a él como padre, el evaluaría a su jefe y a los doce directores que él lideraba en el trabajo, etcétera. Además de evaluar a su párroco, y a cuatro de sus amigos más cercanos.

La nueva ley indicaba un mínimo de ocho personas a calificar, lógicamente las que juegan los roles más cercanos a cada persona (padres, hijos, hermanos, empleados directos, patrones o jefes, amigos, vecinos, entre otros, pero mientras más personas evaluara, mejor.

Desgraciadamente María también lo evaluaría como su pareja, y éste resultado pesa mucho en el sistema de evaluación, tal como fue diseñado por los equipos de Herrejón.

El proceso es simple, en la página *web* central de evaluación del gobierno, cada quien ingresa el número de identificación oficial personal del evaluador y aparecen una serie de pestañas, las cuales indican los diferentes tipos de rol que se tienen que evaluar (mínimo ocho). Al entrar a la pestaña uno indica quien es la persona que evaluará en ese rol, y pone sus datos para identificarla correctamente, después aparecen los cuestionarios, aquellos que diseñaron los grupos de sociólogos y humanistas durante "El cambio". Los cuestionarios se componían de una serie de preguntas con tres o cuatro posibles respuestas y unas líneas para comentarios personales. Al final se ingresa el número del evaluador y una clave personal que todo mundo mantiene confidencial, que era como la firma electrónica, y listo.

La nueva ley castigaba severamente a quien mentía en la evaluación, por lo que todo mundo trata de ser muy objetivo, además de que el resultado no lo conocerá el evaluado. A menos de un reclamo muy bien fundado en una calificación se puede abrir una investigación, lo cual es poco probable.

El proceso duraba unos 15 a 20 minutos por evaluación de cada persona, y los resultados son procesados por los programas diseñados de manera electrónica. Una vez enviada la fotografía digital electrónica basta para compararla con la de los archivos oficiales y se actualiza para poder emitir la nueva identificación oficial de cada año, la cual tarda unas 4 a 5 semanas en llegar.

Al final, los diez valores básicos evaluados por "El cambio" son puestos a la vista de cualquiera que ingrese a la página de la persona, pero no se podían observar ni los cuestionarios calificados ni saber el nombre de los evaluadores. Los resultados son promediados y así se llega al nivel de valores final, de cero a diez.

Durante el mes de Febrero era enviada la identificación con la flamante nueva evaluación por paquetería certificada. Existe poca o nula posibilidad de afectar el resultado, ya que los servidores electrónicos centrales del gobierno son cuidados celosamente para evitar algún fraude; los programas son sumamente complejos y las evaluaciones, eran automáticas y electrónicas. Seguramente el resultado nuevo le afectaría, ya que ahora tenía elementos en su contra. Enrique esperaba que no pesaran ni afectaran dramáticamente su evaluación.

Llegó el año nuevo. Aunque Enrique podía disponer de algunos días libres, no tenía caso usarlos, de todos modos eran acumulativos y los guardaría para cuando las cosas estuviesen mejor en casa. Durante los primeros días se dio el espacio para cumplir con su deber y realizó la evaluación de las personas que le correspondían.

Cinco semanas después, María dejó un sobre en su oficina. Era la ansiada evaluación, que había llegado a su antiguo domicilio. Como abrigaba la esperanza de regresar pronto al seno familiar, no había dado aviso al sistema de su cambio de domicilio y la evaluación la había recibido María en su casa. La sangre le dejó de irrigar el cerebro cuando su nueva evaluación era catastrófica: Siete punto ocho. No podía ser, no lo podía creer. Significaba dejar su puesto, perder su trabajo, su estatus económico... Se dejó caer en el cómodo sillón de su escritorio para tratar de digerir la noticia y organizar sus ideas, pero por más que pensaba se le amontonaban una serie de razonamientos en su cerebro. ¿Quién lo evaluaría tan bajo?, ¿Qué sería ahora de su vida?

Durante el resto de la mañana canceló todas sus actividades. Se fue al comedor solo, se sentó, malhumorado, pensativo y callado. Él conocía bien las disposiciones y políticas de la empresa y un director no podía nunca tener un nivel menor a 9... Él había sugerido esas reglas.

Por la tarde redactó su renuncia.
No le mencionó a Raúl el valor de su nuevo nivel, pues lo avergonzaba, pero sí fue claro al explicar que no alcanzaba el mínimo de la política establecida. Raúl quedó pasmado, era un terrible golpe para la empresa, Enrique era insustituible. Su personalidad de dueño, o accionista mayoritario, le empujaban a decirle que al carajo con las políticas y la evaluación, pero él conocía

más que nadie del enorme trabajo por el que tuvo que pasar para llegar a tener la empresa como ahora estaba, gracias a un complejo programa de institucionalización que llevó la participación y la opinión de muchos, o casi todos, compañeros y varios años de trabajo y maduración. Si él se brincaba las reglas, pondría en riesgo todo el proceso y los avances logrados.

Lamentando de verdad la situación, sin decir palabra, solo le dio un gran abrazo a Enrique, no sin antes pedirle que le ayudara a escoger bien a su sustituto. Henry solo clavó la mirada en el piso.

Adrián estaba feliz. La noticia de la renuncia de Enrique se había esparcido rápidamente. Le había llegado como un regalo del cielo. Ahora la vida parecía sonreírle. El negocio crecía a pasos muy rápidos, aparte de distribuir la droga en más escuelas, ya tenía subdistribuidores en la ciudad y una cantidad creciente de chavos banda que estaban dispuestos a hacer cualquier cosa por él, mientras les siguiera dando un *modus vivendi…* y drogas.

Sus jefes estaban muy orgullosos de él, y Adrián sabía que siempre era bueno tener amigos tan poderosos y ricos. Se sentía protegido. Estaba estrenando su primer auto, un americano 2008, pero muy bien cuidado y con un poderoso motor de 300 hp.

Ahora sólo faltaba recuperar a Paty. Aunque ya no era tan importante, pues con su nuevo trabajo tenía acceso a innumerables mujeres de la vida fácil y del medio de la drogadicción. Incluso tenía ya varias clientas muy jóvenes y bonitas, que le cambiaban sexo por droga; quizás Paty le estorbaría en su nuevo estilo de vida, además a ella le chocaba que tomara alcohol, costumbre que ya practicaba a diario.

También había recibido su evaluación, la cual empeoró, pero ni siquiera estaba molesto; es más, guardó la identificación en el fondo del cajón. Ya no la necesitaba para nada. En el medio en el que se movía, sólo bastaba tener dinero…y amigos poderosos.

Enrique, recibió una llamada de Paty para decirle que había surgido un cliente muy interesado en su casa, y quería tomar su parecer. Enrique la convenció de que cerrara la operación a la brevedad, para que pudiese pagar una casa propia en su nueva ciudad, como lo habían planeado. Aprovechó para darle sus avances con los hijos y María, pero no habló acerca de su trabajo. La extrañaba muchísimo.

Enrique solicitó los servicios de un respetado despacho de Cazatalentos y no le costó mucho trabajo encontrar y seleccionar a la persona que continuaría con la labor de dirección que había realizado por 12 años en la empresa. Recibió una buena gratificación además de las prestaciones legales, pero sabía que con la calidad de vida que llevaba su familia, ese dinero no duraría mucho, y los ahorros los custodiaba María. Ahora venía la parte más difícil: Conseguir un trabajo similar, lo cual sería casi imposible con su nuevo nivel.

En los últimos días en su oficina, dedicó todo el tiempo posible para llamar a sus amigos industriales más cercanos y queridos. Casi todos le daban falsas promesas argumentando el bajo nivel y sus políticas empresariales o la falta de una plaza adecuada para él; aunque la verdad es que muchos tenían la certeza de que Enrique les costaría mucho dinero.

Hasta que surgió una luz... una pequeña empresa de alimentos que operaba muy artesanalmente.

El dueño, conocía bien a Enrique y le tenía cierta admiración y amistad, por lo que aprovechó bien la situación para ofrecerle un trabajo con menos de la mitad de los ingresos argumentándole que en su empresa no estaban bien las políticas y criterios de contratación, y si bien se basaba mucho en el nivel para hacer las nuevas contrataciones, nada era definitivo. A Enrique no le quedó más que aceptar la propuesta, no le quedaba otra alternativa. Además le comentó que se trataba de un trabajo operativo en el área financiera, situación que pronto comprobaría que no sería cierta.

La tarde que se despidió de sus compañeros de trabajo fue triste y desalentadora.

Todo mundo sabía el motivo de su salida, pero a pesar de ello recibió muchísimas manifestaciones de cariño y admiración, además de los buenos deseos de todos. Había conseguido un modesto departamento en renta, propiedad de un amigo. Se ubicaba en una zona nivel 7.5-8.5, que, aunque eran un poco más bajo que el suyo, no sería tan difícil convivir con sus nuevos vecinos en el futuro. Era algo parecido en nivel a la nueva casa de Paty.

Ahora no tenía a María, ni a Paty, ni a sus hijos, ni su casa y sus lujos, y ni siquiera sus percepciones e ingresos acostumbrados… solo le quedaba su Porsche. Incluso llegó a pasarle por la cabeza la idea de morir.

CERO

Enrique vio reflejado a un hombre diferente al que estaba acostumbrado a ver en el espejo. Vio la imagen de un hombre desaliñado, ojeroso, que había perdido varios kilos, pero no de grasa, sino de masa muscular gracias a sus continuas ausencias al gimnasio y los descuidos en su alimentación. Pero sobre todo, vio a un hombre solitario. Su mirada era la de una persona con miedo, con la derrota dibujada en su mirada.

Ése no era él. Por un momento algo en su interior lo llevaba hasta lo más hondo de un pozo mientras pensaba que no podía perder la capacidad de lucha, ni valores, ni conocimientos. Y aunque había perdido su trabajo y su evaluación, la verdad era que estaba para demostrarle al mundo quién era de verdad Enrique, profundo creyente de la existencia de los ángeles, solo que ahora tal vez el suyo estaba en otra parte, en otro mundo.

Abrió la ventana y dejó que una ráfaga del aire fresco de Febrero entrara, se mojó la cara con agua fría, respiró profundo y después de convencerse que ya había tocado fondo, se prometió salir adelante, ir por todo lo que tenía y más... Llegó a su nuevo trabajo.

Miguel le esperaba con una gran sonrisa y le mostró su nueva oficina. Era pequeña y anticuada. Los muebles eran viejos y estaban un poco maltratados. Sólo tenía un escritorio, dos sillas y un mueble archivero para papelería, además de un viejo bote de basura. Estaba ausente de cualquier decoración, aunque notó algunos clavos en la pared que demostraban la existencia de un pasado. Miguel lo había contratado para el área financiera, su fuerte.

La empresa llamada Alimentos Centrales (AlCen) pasaba por graves problemas: el dinero no alcanzaba, los empleados estaban nerviosos y descontentos, y había varias demandas laborales en proceso, fuertes deudas a bancos y proveedores, y una mala calidad en los productos. Pilas de devoluciones se amontonaban en los andenes de descarga y toda la empresa tenía un aspecto gris y tétrico. El ambiente en las oficinas era ríspido y seco.

Cuando Miguel pasaba por los pasillos, la gente corría a su lugar antes de ser cuestionados por su posición fuera de su base de trabajo. Rara ocasión se veía a alguien saludar a sus compañeros.

—Tendrás que comenzar de cero —le comentó Miguel—, la información financiera que disponemos no está completa o es poco confiable. Parte de nuestra crisis es culpa del anterior contador. Parece que el paquete le quedó grande, a pesar de que era una muy buena persona.

—Para triunfar, no basta ser bueno. —Cerró Enrique.

Miguel le presentó a un par de contadores, o quizá serían auxiliares, y a su nueva asistente: Martha, una sonriente muchacha de unos 22 años. El resto del día comenzó a revisar y organizar la marabunta de papeles desordenados que Miguel y los contadores le proporcionaron y se dio cuenta de que le esperaba una labor titánica.

Eso le gustó: le encantaban los retos. Ahora podría probar su capacidad y el tamaño de su talento. Dedicó los primeros días a presentarse con todo el personal en el lugar de trabajo de cada uno de ellos, explicándoles que iba a requerir toda la ayuda de cada uno de ellos para poder entender bien lo que estaba ocurriendo allí tanto en materia financiera, como operativa y laboral, y poder darle consejos y directrices claras y efectivas al señor Miguel o Patrón, como le llamaban los empleados.

La planta estaba sucia y desordenada, los empleados también. A las personas que llevaban algún tipo de control o eran líderes de alguna área, les solicitó un breve resumen de sus actividades cotidianas y la manera en que obtenían y plasmaban la información, ya fuese en papel o electrónicamente, y una copia de los últimos reportes.

En poco tiempo tenía su escritorio lleno de discos electrónicos, papeles y carpetas llenas de información y reportes. Comenzó organizando la documentación desde que se generaban las órdenes de compra, las llegadas de mercancía, las salidas de almacén a producción; las entradas y salidas a almacén de producto terminado, la facturación y la cobranza. Decidió dedicar a su nuevo trabajo 14 horas diarias.

Tendría que levantarse una hora antes de lo acostumbrado para asistir a un modesto gimnasio que estaba cerca de su nuevo departamento, y estar listo en punto de las ocho de la mañana en su oficina, aunque el resto de sus compañeros llegaba después de las nueve, algunos hasta casi las diez. Dejaría sus labores a las nueve de la noche, y tomaría los alimentos en la fábrica.

Había dos comedores: el de ejecutivos, ubicado en las oficinas generales, en donde comían unas 30 personas, y el de empleados de planta, situado a un lado de las naves de producción, en donde tenían la posibilidad de calentar su comida, o adquirir alimento los demás, unos 230 colaboradores. Decidió comer en el de los empleados. No le gustó esa separación, era una de las cosas que se tendría que corregir en breve.

Repartió su día de manera que pudiese estar al menos dos horas entrevistando a los jefes de cada área para conocerlos, ver su nivel de liderazgo y familiarizarse con sus actividades diarias y entenderlas, así como entender el reporte de sus actividades. Sería muy interesante conocer su opinión sobre los problemas de cada área y sus iniciativas de corrección. Ocuparía otras dos o tres horas para estudiar los reportes de cada área. Una hora para comer. En la tarde se concentraría en la situación financiera, revisando la contabilidad que le había dejado su predecesor y arqueándola con la información que recibía diariamente.

En AlCen no había juntas directivas. Se hacía solamente lo que Miguel instruía. A pesar de ser una buena persona, fina y carismática, no tenía la más mínima noción de una empresa institucional ni de su administración. La manejaba como un feudo. Requería unas clases de Dueñez urgentes.

Miguel sabía de todo un poco, bueno, cuando menos sabía todo lo que ocurría en la empresa. Era una persona muy trabajadora y responsable, pero actuaba sin un orden definido y, a su criterio, sin consultar a sus segundos niveles, mucho menos a las bases, no confiaba en nadie y tomaba las decisiones de todas las áreas. A las dos semanas de tomar su nuevo trabajo, Enrique le obsequió el libro: Empresas Que Perduran, un título poderoso y muy útil, de la Editorial Porras. Miguel, mientras leía el libro, Enrique ofreció tener en un mes una lista de acciones y recomendaciones para discutir juntos; consideraba que era necesario estar en la misma frecuencia e insistió a Miguel que leyera ese libro, pues era uno de los tratados más exitosos de *Management* que existían en la actualidad.

Miguel sabía de la capacidad de Enrique, y aunque era un poco orgulloso y pensaba que él siempre tenía la razón, así que aceptó leer el libro mientras le entregaba un programa de actividades, desde el día que inició hasta la fecha pactada, un mes después.

Cuando Enrique había salido de la oficina, Miguel echó un vistazo al reporte y quedó sorprendido. Apenas era un plan para lograr el conocimiento sobre el manejo y la operación de AlCen, pero se podía percibir un alto profesionalismo invertido en el informe.

Enrique iba a contratar un par de auxiliares por dos o tres semanas, de preferencia psicólogos o pasantes de esa carrera, para que le ayudaran a elaborar un diagnóstico del clima laboral, y encontraran las causas que motivaban la estancia de los empleados en la empresa, así como las fortalezas y debilidades de la misma, desde el punto de vista de ellos.

Eso le pareció a Miguel un gasto innecesario, y más ahora en las precarias condiciones en que se encontraba la empresa, pero algo en su interior le dijo que lo aprobara. Estaba de acuerdo con su plan inicial siempre y cuando no gastara mucho; por el intercomunicador Enrique le agradeció su apoyo y confianza.

Esa noche Enrique escribió hasta media noche el cuestionario que deseaba aplicar y discutir con los encuestadores seleccionados, una vez que las universidades locales le recomendaran a los muchachos adecuados. Tenía que medir el nivel de conocimiento que tenían de la Misión y los Valores de la empresa y si estaban convencidos de ellos. No era lo mismo verlos impresos en un cuadro muy llamativo decorando la recepción que conocerlos de verdad; el nivel de liderazgo que tenían los jefes de área, el ambiente de trabajo. El amor a la empresa. La capacidad de trabajo en equipo de cada líder. La opinión de todo el personal y los directivos sobre las posibles estrategias que pudiesen mejorar las condiciones de la empresa. Las fuerzas restrictivas o debilidades de la organización. Las fuerzas positivas. El cuestionario quedó muy sencillo con tres o cuatro opciones para solo marcar el círculo de la respuesta más cercana y un par de líneas para comentarios. Las respuestas arrojarían la opinión generalizada y las estrategias de cada quien para atacar los puntos débiles más urgentes, y apoyarse en lo positivo. Esto sería el principio para elaborar un posible plan y discutirlo con Miguel, y si él estaba de acuerdo, con todos los primeros mandos.

Enrique tenía ahora que combinar el arduo trabajo en AlCen con la tarea de recuperar a su familia. Los progresos con sus hijos eran cada vez mayores, estaba a punto de lograr platicar con ellos y con la confianza y comunicación que tenía antes.

María había dejado su actitud hostil y dolida y ahora se veían y platicaban con más frecuencia, casi siempre por temas relacionados con la educación y directriz de sus hijos. Si Enrique cambiaba el tema hacia su relación amorosa ella rápidamente cambiaba el tema. Él sabía que con el tiempo, su amor y perseverancia, lograrían el objetivo. Como sus nuevos ingresos estaban ahora muy por debajo de lo que antes percibía, tuvo que tomar una decisión muy dolorosa: vendería su 911, el porsche rojo y compraría algún auto más modesto. Esto le permitiría guardar dinero para dosificarlo y complementar los gastos familiares, que ahora estaban incrementados por la renta y los costos de su nuevo departamento. Aunque era un porsche de ya siete años de uso, un 4S, lo conservaba como salido de la agencia, gracias a sus excesivos cuidados y debería de valer dólares, miles de dólares. Lo dejó en la agencia y estuvo a punto de llorar al despedirse de él, cual si se tratara de una persona. Al día siguiente decidió adquirir un modesto auto americano de dos puertas y cuatro cilindros. Le encargó a Toño, el gerente de compras de AlCen, que le ayudara a buscar la mejor opción con el más cómodo plan de pagos.

Para evitarse las gestiones que tiene que hacer un nivel 7.8 para obtener el crédito, le pidió a Miguel que el vehículo saliera a nombre de la empresa, y le descontaran el pago mensual de nómina. Miguel accedió.

La encuesta se realizó en menos tiempo de lo planeado. Bastaron solo diez días para realizarla, gracias a que los pasantes que le apoyaron traían muchas ganas y la gente lo apoyó mucho, pues como nunca se les había tomado en cuenta, encontraron interesante la posibilidad de dar sus opiniones. Los pasantes también le ayudaron a sacar el resumen de los resultados de las encuestas y hacer las conclusiones.

En esos días se aseguró de que Miguel estuviera leyendo el libro que le había dado, que para su fortuna le estaba gustando, y discutían ocasionalmente los puntos más relevantes del capítulo en turno. Miguel estaba descubriendo, paso a paso, las acciones, actitudes, filosofía y cultura de las empresas más triunfadoras del planeta, aquellas que todos admiran y que tienen un común denominador: Una administración basada en los valores humanos y una cultura central enfocada en el ser humano. El resumen de la encuesta fue terrible.

Cuando terminó de hacerse la recopilación de las opiniones y el sentir de los más de 300 trabajadores encuestados, Enrique titubeó en presentarle el resultado a Miguel, pero tenía que hacerlo. Tuvo que preparar el terreno y le pidió una mañana a solas, sin llamadas ni interrupciones y, mejor todavía, en otro lugar, en su restaurante favorito. Miguel aceptó, así que a Enrique le quedaban dos días para analizar las posibles soluciones por lo que de nuevo se quedó hasta tarde escribiendo una serie de alternativas.

Llegó el viernes. Miguel arribó 20 minutos tarde: la puntualidad no era su fuerte. Después de un poco de plática para suavizar el momento y ordenar un apetitoso desayuno, abordaron el asunto central. Enrique fue claro desde el principio: no le iba a gustar el resultado pero estaba seguro de establecer planes y estrategias para poner en camino al éxito a la empresa. Miguel se ajustó los anteojos y conforme pasaba las líneas de aquel minucioso reporte, su rostro se enrojecía de coraje. Su enojo era tal que parecía que en cualquier momento iba a explotar. No podía creer que aquello fuera verdad. Le pareció de momento que todo aquello que creía tener se estaba desvaneciendo en esas líneas, como si alguien estuviera en su contra, como si alguien hubiese inventado todo eso para desprestigiarlo, y hacer leña de su empresa.

Enrique apostaba, entre el jugo y el crujiente pan tostado, que Miguel tenía una gran oportunidad para hacer de su empresa una más bien exitosa y admirada, como las del libro de Editorial Porras. Porque una cosa era clara: existe una gran diferencia entre la empresa que tiene y otra, la que cree tener.

Miguel se tranquilizó. Quiso debatir una serie de afirmaciones que contenía el resumen, por ejemplo que la gente fuese tratada tan mal por los jefes, si les había dicho que fueran atentos y corteses. De alguna manera le decían tirano. ¡Era posible que la gente solo trabajara allí por el salario! Que no conocieran la misión y los valores, lo comprendía, porque nunca les había dado mayor importancia, excepto colgarlos en la recepción. ¡No existía el trabajo en equipo!

—¡Qué barbaridad, Enrique!, ¿De veras crees poder arreglar todo esto? —preguntó Miguel.

—No hombre, de ninguna manera. No soy mago ni tengo varita mágica, esto lo arreglaremos entre todos, encabezados por ti. Es tu responsabilidad, tu empresa y tú eres el máximo líder. Si tú no tomas la iniciativa y estás verdaderamente convencido, no podremos erradicar todos los males que le aquejan, yo solamente pondré todos mis conocimientos y mi esfuerzo para guiarte y ayudarte —dijo Enrique, untando queso cottage en una galleta melba—. Tendremos que diseñar la cura para cada mal,

y construir poco a poco, una cultura en AlCen, una filosofía que se viva cada día más arraigada. Y pronto verás el cambio. Te prometo que en un año, si hacemos lo correcto, tendrás una empresa muy diferente. Costará mucho más esfuerzo tuyo, mío y de todos para lograrlo, que dinero. La parte económica la analizaremos en cada paso y nos limitaremos a gastar lo mínimo. Verás que sí podemos si hacemos las cosas bien planeadas y con mesura. Tengo que convencerte de que los resultados financieros son el pago y la recompensa de lo que una empresa es, no al revés. El dinero y el éxito nos llegará como consecuencia lógica de nuestras acciones, eso no falla. No es al revés, como cuando la gente pone empresas para ganar dinero, ese camino es más arduo y difícil.
—Concluyó Enrique.

—¿Por dónde hay que empezar? —Preguntó Miguel más tranquilo.

—Comenzaremos por informar los planes a todos los compañeros. De ahora en adelante no les vuelvas a llamar empleados ni obreros, serán tus compañeros. Compañeros del cambio que gestaremos, por lo que debemos de entusiasmarlos con el sueño. Buscaremos entre todos ellos los mejores líderes que nos apoyarán en el movimiento. De hecho ya detecté algunos. Haremos un paro el próximo sábado para quemar la misión y los valores que tienes colgados en la pared de la recepción para que sepan que viene una revolución de fondo. Solicitaremos la intervención de todos los que quieran participar voluntariamente en el diseño de la nueva misión y los valores de la empresa —dijo Enrique haciendo una pausa—. Habrá que encontrar el espacio en sus tiempos, juntarlos en grupos y luego consolidar la opinión de todos los grupos hasta descubrir nuestra una nueva misión, nuestra razón de existir. Así seguiremos con los valores, luego la visión, después el organigrama y yo te llevaré de la mano ayudándote a transformar esta gran empresa que tienes. —Concluyó.

Las finanzas, algo que a Miguel le preocupaba, seguirían como están por poco tiempo ya que Enrique las depuraría pronto. En el plan de trabajo que le entregó, se comprometió a revaluar los activos de la empresa -que no se había hecho en años-, y que servirían para renegociar las deudas a mediano y largo plazo. Una vez logrado, dijo, llegaría el oxígeno necesario para salir adelante, mientras, se gestan los cambios en la organización y a ver los resultados.

Enrique le pidió a Miguel leer con cuidado la propuesta, para hacer las modificaciones que considerara mal planteadas. Después de todo, Miguel conocía a fondo la empresa y era lógico que él marcara el paso y las directrices para diseñar una empresa distinta.

—Una cosa más, Miguel: te suplico que cerremos a la brevedad el comedor ejecutivo. Te recomiendo que todos comamos en el mismo comedor con todos los compañeros, aparte de tener un ahorro para la empresa, seremos coherentes con el nuevo sistema y cultura de valores humanos que desarrollaremos. —Solicitó Enrique.

Miguel aceptó y pidieron la cuenta; charlaron sobre los detalles de los primeros pasos, y Miguel platicó algunos detalles del pasado que le habían llevado a perder el control.

Estos desgraciados empresarios me van a echar a perder mi fructífero negocio, pensó Adrián. No sabía que unos siete meses antes, en Bacaira se había gestado un movimiento ciudadano para la seguridad municipal. Si bien "El cambio" había mejorado los niveles de seguridad en el país, faltaba mucho por hacer. Las personas de bajo nivel como él estaban en su mayoría resignadas a esa situación se les complicaba o no deseaban o sabían cómo mejorarlo, buscaban el sustento en la ilegalidad. De hecho ahora eran menos los hampones, pero eran mejores y más peligrosos; ante las pocas posibilidades de superación en el nuevo sistema, se habían organizado mejor en bandas para delinquir.

Las personas de alto nivel y la sociedad en general exigían una mayor inversión del gobierno en materia de seguridad y clamaban por erradicar el crimen de su región.

Si bien el país había mejorado mucho en esa materia desde los acuerdos de Herrejón, había tantos años de atraso y tantos rezagos del pasado, que se llevaría todavía mucho tiempo el lograr tener una sociedad como la japonesa o alguna europea.

La participación ciudadana estaba de moda, cada vez más y más gentes de la sociedad en todo el país encontraban espacios para utilizar su criterio, sus conocimientos, su experiencia y su capital para apoyar a los gobiernos, ya fuesen estatales, nacionales o locales. Los empresarios locales de Bacaira, preocupados porque los niveles de criminalidad no bajaban, se habían unido en un grupo bien representativo, y estaban dispuestos a apoyar al gobierno local no sólo con tiempo y talento, sino con recursos financieros también. En otras entidades los gobiernos nacional, estatal y local, trabajaban de la mano con este grupo de empresarios.

En Bacaira, comenzaron trabajando de la mano con la municipalidad y con el gobierno estatal. Se propusieron encontrar las cabezas de las bandas, no a los malandrines de poca monta, sino a los jefes de casi todas las organizaciones criminales: las de los secuestradores, distribuidores de drogas, roba autos, roba casas, asaltabancos y demás ladrones que existieran. Invirtieron capital en montos iguales entre empresarios y gobiernos. La parte empresarial revisaba la parte operativa y manejaban los dineros y las finanzas. El gobierno manejaba la parte operativa como lo marcaba la ley. Trajeron una cantidad importante de gente especializada de otros lados, incluso se les llamaba mercenarios del bien, o mercenarios blancos, personas altamente entrenadas y calificadas a las que se les pagaba por resultados, por cada cabecilla aprehendido. En realidad eran una policía secreta altamente calificada.

Adrián, lo que sí sabía, es que en el mundillo del hampa era noticia fresca la llegada de mercenarios contratados para cazar hampones y apresarlos. Algunos malandrines prefirieron emigrar a ciudades más seguras. Lo cierto fue que esa mañana, Adrián se enteró de que Daniel, el amigo que había conocido en su breve paso por la cárcel y que se había convertido a la larga en el jefe de la banda, había sido aprehendido de nuevo. El resto del grupo andaba desaparecido. Nadie sabía a dónde habían ido ni por cuánto tiempo. Tenía varias cosas de qué preocuparse: ¿Quién le surtiría ahora la mercancía?, y si fuese cierto que Daniel estaba en la cárcel, ¿daría santo y pormenor de él, de todos?

Ahora sí se complicaban las cosas. Ni trabajo, ni mercancía y toda su gente sin actividades. Si bien tenía en su poder los últimos cobros que había realizado, sólo una parte era del total que adeudaba al cartel. Pensar en huir y llevarse ese dinero estaba fuera de su nivel de valentía. Si Daniel saliera libre volvería para cobrarle, y por ningún motivo deseaba tenerlo de enemigo, ni de cobrador. Vagó un par de días en su veloz auto, aprovechando el tiempo libre para visitar a sus concubinas y dependientes de sus drogas que le pagaban con favores sexuales, y pasó el día teniendo sexo. Pero la droga se le agotaba.

Dos días después, por la noche, al regresar a casa de su mamá, dos autos le cerraron el paso en medio de llantas rechinando y gritos incomprensibles, casi al mismo tiempo que veía entrar por la ventana de su carro un arma larga apuntándole a la cabeza. Lo esposaron y fue trasladado a la estación de policía. Sintió un ligero alivio cuando vio que no eran policías extranjeros, menos mal: todos eran paisanos. Fueron en vano los ofrecimientos de dinero, el intento de sobornarlos y las amenazas que les profirió. Acabó en la cárcel municipal. No había duda: Daniel había "cantado".

La gente, primero

Después de realizar la quema de la misión enmarcada de la recepción, en medio de los patios centrales y previo aviso a todos sus compañeros, Enrique juntó al personal en grupos, para comenzar con las explicaciones de una empresa y su misión:

—Muchas personas definen una empresa como el conjunto de recursos humanos, financieros, tecnológicos y materiales, que se reúnen para un fin común. ¿Están de acuerdo?

La mayoría asintió con la cabeza.

—Pues por aquí debemos de comenzar —continuó diciendo—: yo no me considero un recurso, y espero que ustedes tampoco. Empresa es un grupo de personas, de seres humanos como ustedes y como yo, que con los recursos financieros, tecnológicos y materiales, que se reúnen para dar un servicio a otro ser humano, de manera común y democrática, para beneficio de todos. Suena diferente, ¿verdad? Así es, las empresas están formadas por gente, por personas como tú o como yo, que viven y sienten, y esas personas, o sea todos nosotros, somos el patrimonio más importante de ésta y de cualquier organización. Por eso vamos a invertir tiempo, dinero y esfuerzo para lograr una gran armonía, un trato digno y humano, y los mayores satisfactores que podamos en nuestro trabajo, no sólo el sueldo, sino también reconocimiento, cariño, afecto, un lugar cómodo y seguro para laborar.

Para lograrlo, requerimos todos juntos deducir o diseñar por qué o para qué existe esta empresa, y una vez que entre todos estemos de acuerdo en su razón de existir, será fácil que todos comencemos a construir ese gran sueño que se llama AlCen. Una misión no puede estar contaminada con valores monetarios, o con sueños de grandeza. Con tristeza he observado empresas que tienen o incluyen en su misión: El liderazgo, o Retribuir a sus dueños o accionistas. Así no es como funciona. Eso llega como consecuencia de tener una misión pura, convertirla en una cultura y apegarse a ella. El éxito y el dinero son el resultado y consecuencia de haber seguido fielmente nuestra misión pura. Las empresas más ricas y exitosas no tienen en su misión ser líderes o ganar mucho dinero. Lo logran, sí, pero porque siguen una misión muy limpia y clara, y no se separan de ella. Por ejemplo, el sueño de *Walt Disney* fue: Deseo que los abuelos, los padres y los hijos se puedan divertir juntos. Allí no hablaba de volverse rico ni famoso, ni ser el líder del entretenimiento, eso llegó como consecuencia.

—Continuaba Enrique—. Les voy a poner un ejemplo: imaginen que tienen el dinero para comprar un barco remero de carga, esa será su empresa. Lo adquieren en el puerto de Córcega, y ponen un letrero solicitando remeros. Al cabo de pocos días han reclutado la tripulación necesaria para la travesía, cargan la mercancía y zarpan. A las pocas horas, se les acerca un remero y pregunta: Capi, ¿a dónde vamos?, usted le contesta: Mira, aquí yo soy el capitán, a ti te pago por remar no por hacer preguntas, tú dedícate a eso, a remar, y yo a dirigir el barco. El remero regresa a su lugar totalmente desmotivado y cabizbajo. Al rato otro remero pregunta: Oiga, capi, y ¿cuándo vamos a llegar? Y la respuesta es la misma: Mira, amigo, yo soy el dueño del barco, tú dedícate a remar y yo les aviso cuando hayamos llegado. Uno más le pregunta: Y qué haremos si llega una tormenta? Mira amigo, yo soy un viejo lobo de mar, yo sabré darles instrucciones cuando llegue la tormenta.

Lógicamente esa tripulación caminará sin ninguna otra motivación más la paga; no faltará que unos remen para un lado y otros para otro, y en casi todos lados siempre hay uno que rema para atrás.

—En cambio —continuó Enrique—, imagínense que antes de zarpar, realizan una reunión con todos los integrantes del equipo, les explica que hay que llegar a Rotterdam en 14 días, y la ruta que usted sugiere; les pide su opinión a todos en cada comentario, y verá que la experiencia conjunta de ellos enriquecerá sus decisiones. Les informa que por el flete de la carga cobrará usted cierta cantidad, de la que compartirá una parte con ellos. Platican y permite que cada uno exprese su opinión sobre la travesía,

escuchándolos con interés, y al final, llegan a un acuerdo en lo que hay que hacer en caso de emergencia...Para cuando esa tripulación se suba al barco, ya llevarán una misión definida y estrategias claras. Pero lo más importante, ya gestaron un verdaderos equipo de trabajo.
—Finalizó Enrique.

Todos comenzaban a sentirse muy satisfechos, ya que la explicación era más que clara. Allí en AlCen, ocurría todo como en la primera parte del ejemplo. Nadie sabía para qué se hacían las cosas.

Enrique siguió con la reunión.

—La misión, tanto en las personas como en las instituciones, deberá ser clara, definir para qué existe, y no estar contaminada con sueños de grandeza ni resultados económicos. A partir de hoy, las personas serán la parte más importante de esta empresa. En casi todas las empresas se invierte en camiones, maquinaria, publicidad, y demás, pero no en su gente. Comenzaremos definiendo, como ya les expliqué, entre todos nuestra misión, después nos seguiremos con los valores y luego la visión. Después juntos diseñaremos el organigrama; esto nos irá cambiando la manera de pensar, de actuar y de trabajar. Diseñaremos juntos los programas de capacitación de inducción a la empresa, los planes para enriquecer sus vidas espiritualmente; los premios y bonos por resultados; los planes para llevar bienestar a sus familias, para incorporarlas a este bello mundo que construiremos en AlCen. Por último, diseñaremos los procedimientos para seleccionar a nuestros futuros compañeros, los cuales siempre deberán ser personas alineadas con nuestra filosofía. Todo esto nos llevará a ir formando una cultura en AlCen, una cultura de bienestar para todos, de respeto y trabajo digno, de amistad y compañerismo, de servicio interno y a nuestros clientes.

Muchos comenzaron a aplaudir, solo Miguel hizo una mueca de preocupación -o de vergüenza-, que tuvo que ocultar.

—Gracias, muchachos. Comencemos pues, una nueva era en la vida de este noble centro de trabajo —Puntualizó Enrique.

Todos se levantaron de la primera de las reuniones, que en el futuro se gestarían de manera permanente y ordenada. Se notaba en todos una cara de esperanza. Entre ellos se notaba incertidumbre, expectativa de todo tipo y los más pesimistas se mostraban así: pesimistas.

Enrique siguió a Miguel hasta la oficina y lo cuestionó severamente acerca de su vida, cuáles eran sus valores personales, si quería envejecer de alguna forma y sobre todo, si tenía una imagen de su futuro como persona. *Mike*, como le llamaba cariñosamente Enrique a Miguel, dijo que nunca se había puesto a pensar en eso.

—Entonces —dijo Enrique—, tendremos que empezar por allí. No lo tomes a mal, pero es importante que sepas bien lo que quieres para ti, para poder después trasladarlo a tu empresa, y que los caminos de tu vida y de tu empresa sean similares, congruentes y caminen paralelos. Haremos lo mismo con los valores y la visión: Lo disfrutarás —Terminó Enrique.

Acordaron dedicar a ese tema dos horas diarias durante la siguiente semana. Ellos solos, en alguna cafetería o un bar, tomando una cerveza... Durante esa semana Enrique también se dio tiempo para comenzar a trabajar con los grupos de los muchachos sobre el diseño de la misión. Le había solicitado a Miguel que estuviese presente, explicándole que su presencia le daría a la reunión respeto y confianza. Miguel era un muy buen hombre, sincero y amante de su familia. Su nivel era de 9.1 lo que decía mucho del afecto y respeto que le tenían los que lo rodeaban. Había estudiado ingeniería en la Universidad Estatal y jamás había tomado un sólo curso de administración de negocios. Todo lo hacía por impulso o criterio. Enrique se sorprendió de los valores tan centrados y arraigados que tenía Miguel. Sin duda, harían un gran equipo juntos.

Durante la siguiente semana Enrique se concentró en la reevaluación de los activos, preparándose para la negociación con los bancos, y en apoyar a Miguel a definir bien y dejar plasmada por escrito su Carta de vida, en la cual Miguel escribió su misión, sus valores, los principales roles de su vida y cómo los enfrentaba, y terminaba con una breve visión del resto de su vida. Todo en una sola página.

Miguel comenzó a tener una fascinación por el desarrollo de su carta de vida, se emocionaba mucho al escribir y poner en orden esas ideas. El viernes se la leyó a Enrique y no pudo contener sus lágrimas. La misión de Enrique, elaborada hacía ya varios años comenzaba diciendo: Vine al mundo a generar bienestar a los míos, a mis hijos, a mi mujer y a las personas que me rodean; en sus valores resaltaba el amor de manera muy importante, y la de Miguel resultó muy parecida.

Una vez concluida la misión de vida de Miguel, le pidió Enrique que la colocara en su escritorio donde pudiera leerla de vez en cuando. Le explicó que eso tenía una gran fuerza para que él mismo se marcara sus directrices y de manera clara.

Comenzó entonces la búsqueda de la Misión de la empresa, con sus compañeros, después de terminar las actividades y acompañadas de galletas, refrescos y deliciosas pastitas. En el salón había un pizarrón y allí Enrique escribía todas las sugerencias, o más bien, las ideas y palabras clave que sus compañeros le iban dictando sobre la misión. No faltó quien mencionara la palabra bienestar para todos y otros, Amor. Era lo que necesitaba, debería Enrique ser lo suficientemente listo para lograr que la misión de la empresa fuese muy paralela a la de Miguel. A todos les encantaron esas palabras como base de partida. El resultado de las ideas de un grupo se presentaba a los demás y se discutía y mejoraba con la opinión de los otros. Al final de unas tres o cuatro sesiones con los grupos, prácticamente estaban todos de acuerdo. Por la noche Enrique revisaba todas las ideas y los conceptos obtenidos, y los ordenaba con cuidado. Unas semanas después, fue para presentar el resultado a cada grupo y la Misión quedó de la siguiente manera:

Nuestra empresa existe para llevar bienestar a todo el mundo a base de elaborar alimentos nutritivos, sanos y llenos de amor. Fundamos nuestro propósito en dar ese bienestar y ese amor a todos nuestros clientes y a todas las personas que integramos nuestra organización para que encontremos un desarrollo verdadero y próspero en la vida.

Todos, sin excepción, aplaudieron el resultado de su esfuerzo y participación. Miguel estaba maravillado en ver las reacciones de sus compañeros. El siguiente paso era seguir el mismo proceso para definir los valores. De la misma manera y con la misma rutina, las mismas juntas, las mismas pastitas y refrescos, y el mismo ambiente agradable simpático y relajado, se comenzó a trabajar en la definición de los valores de la empresa.

Los valores son las principales herramientas de una persona o de una organización. Tienes que saber qué valores te van a ayudar a lograrlo, por ejemplo, la perseverancia, ser muy estudioso, el trabajo en equipo, el deseo de superación, esos valores, serán las herramientas que utilizarás para llegar a ser lo que quieres. De la misma manera ocurre en las organizaciones, si definimos cuáles son nuestros valores principales, podremos poner tanta fuerza y tanta importancia en ellos que los haremos vivir con gran intensidad en la organización.

—Así, cuando alguien llegue a visitar AlCen —subrayó Enrique—, al salir deberá de pensar: Cómo me gustó esta empresa por esto o aquello; allí estará el valor, o los valores que notó, porque los hicimos brillar mucho. Una vez que los definamos y estemos todos de acuerdo, estos no serán negociables, es decir, todos los que aquí laboramos deberemos de basar todas nuestras actividades y apegar nuestro proceder en ellos. —Finalizó Enrique.

Como era de esperarse, surgieron propuestas de valores: Amor, honestidad, perseverancia, creatividad, orden, limpieza, servicio, calidad, fraternidad, calidez humana, prosperidad, disciplina, valentía, responsabilidad, compromiso, entre otros. Enrique les sugirió que no fuesen más de diez ni menos de cinco, para que se pudiesen concentrar en ellos en lo futuro y hacerlos vivir.

—Vamos a hacer un ejercicio —comentó Enrique—: supongamos que todos vamos viajando en un barco y llegamos al barco con 20 maletas. En cada maleta va un valor. Al día siguiente nos avisan que el barco tiene un problema, que vendrá por nosotros un barco menor, pero que sólo podemos llevar 15 maletas al barco de rescate. ¿Con cuáles nos vamos?, ¿Cuáles dejamos atrás?

Comenzaron los debates para decidir cuáles eran los más importantes y desechar otros hasta que llegaron a seleccionar los 15.

—Ahora por el altavoz se escucha la noticia que el barco que vendrá por nosotros, en más pequeño de lo planeado, y sólo caben diez; tendremos que volver a seleccionar cuáles son las maletas que nos serán más útiles. —continuaba Enrique mientras todos continuaban el proceso de reselección.

—¡Qué caray! Tendremos que irnos en las lanchas salvavidas: ¡solo caben siete maletas! —volvió a decir Enrique.

La participación era cada vez mayor y los debates más cálidos. Los que al principio no hablaban o lo hacían muy poco, ahora estaban metidos en el asunto dando sus opiniones elocuentemente. Miguel disfrutaba cada momento en las sesiones. Así se siguió trabajando con la misma mecánica durante otras tres semanas con todos los compañeros, y entre todos los grupos, hasta que al final concluyeron y acordaron en seis valores seleccionados por la gran mayoría, y aplaudidos por todos. Miguel representaba sólo un voto más entre sus compañeros.

Gracias al ingenio y astucia de Enrique, se logró de nuevo, que los valores de la empresa fueran casi los mismos de los de Miguel: Honestidad. Calidad. Creatividad. Amor. Servicio. Limpieza. Cada uno fue definido por todos durante el mismo proceso.

Los valores quedaron definidos así:

1.-Calidad/creatividad: Hacemos las cosas siempre bien, a la primera y siempre aportamos ideas para mejorar.

2.- Amor: En todo lo que hacemos depositamos una parte del corazón y no solo actuamos con la razón.

3.- Servicio: Damos lo mejor de nosotros mismos y nos permitimos recibir lo mejor de los demás.

4.- Limpieza: La limpieza en AlCen nos permite asegurar que nuestros productos sean dignos ejemplos para nuestros hijos, y nuestra persona e instalaciones, ejemplo para ellos.

5.-Honestidad: Actuamos solo de acuerdo con lo que creemos, hacemos por los demás lo que nos gustaría que otros hicieran por nosotros y siempre asumimos nuestra responsabilidad.

Habían logrado un ambiente idóneo entre los compañeros, y todos estaban entusiasmados con el cambio que se estaba gestando. La actitud de muchos se mejoró notablemente y trabajaban ya con base en los valores: Nuestros valores.

Enrique y Miguel decidieron entonces hacer una celebración por los avances obtenidos y para comunicar de paso a los familiares de sus compañeros, los nuevos logros y planes de la empresa. Rentarían un salón grande y espacioso y servirían una comida para todos los compañeros, esposas e hijos. Invitarían a las autoridades gubernamentales locales, para darle más formalidad e importancia al acto, y les presentarían a todos la misión y los valores, como un logro colectivo. Después presentarían los planes de lo que vendría: El diseño de la visión y la reconformación del organigrama. Seleccionaron un salón de fiestas, y fijaron la fecha para 15 días después.

En esos días, Enrique había terminado la revaloración de los activos y se encontraba ya en álgidas negociaciones con los diferentes bancos de la ciudad, a quienes había puesto a competir entre ellos a fin de lograr la mejor reestructuración de la deuda y las mejores condiciones crediticias. Miguel no cabía de gusto: Enrique había llegado como un ángel; no solo estaba mejorando a AlCen, sino que estaba transformándole su vida.

Verdadero líder

El día del evento todo era bullicio en la empresa. Habían planeado detener todas las actividades, incluso se habían contratado los servicios externos de policías auxiliares para cubrir a los vigilantes propios de la planta y poder incluirlos. Se había escogido un rico menú regional que gustase a todos. Esperaban a más de 1500 personas. El salón se había equipado con un video proyector para que los invitados pudiesen ver un video con la historia de la empresa; luego venía la exposición y explicación de los cambios que se estaban gestando, para culminar con toda la pompa e importancia con la presentación de la misión y los valores desarrollados por todos.

El salón tenía su estrado, para sentar a las personalidades invitadas, entre ellas el alcalde, algunas otras autoridades locales, Miguel, su esposa y sus tres hijos, Enrique y María junto a los demás gerentes de área y sus parejas. Sí, María había aceptado ir al evento debido a la insistencia de Enrique, quien estaba muy orgulloso y emocionado con el trabajo realizado y con los resultados que estaba obteniendo. Lo platicó con tanta elocuencia y emoción que María no pudo negarse, además ya estaba lista para regresar a su lado; el tiempo ya había hecho su aportación a la cicatrización de su corazón. Sus hijos todos los días le preguntaban cuándo regresaría su papá.

Proyectaron el video de la historia de AlCen, en donde se pudo percibir el enorme esfuerzo de los padres de Miguel, que viniendo de una cuna humilde, se habían esforzado por lograr su independencia y habían logrado formar una pequeña empresa después de haber cerrado latas y esterilizarlas en la modesta cocina de su casa. Después vino una presentación de la reingeniería administrativa de AlCen. Cuando presentaron la misión y los valores, todos los empleados aplaudieron contagiando a sus familiares, quienes hicieron lo mismo; lo mejor de la tarde fue cuando Enrique dio la palabra a Miguel, que fue ovacionado por los presentes. Se pusieron de pie y aplaudieron sin parar y eso era más, mucho más de lo que esperaba. Habló con gran elocuencia y humildad, pidiendo una disculpa por no haber entendido antes el impacto social de sus acciones y decisiones en la vida de todos sus compañeros y sus familias; prometió con gran énfasis que su cambio sería permanente y que lograrían en poco tiempo tener una empresa ejemplar en Bacaira; ejemplar por su integración a la sociedad, su trabajo en equipo y sus valores humanos, pero sobre todo ejemplar por su gente y sus valores. De nuevo le aplaudieron.

Ya en la mesa, Miguel y Enrique hicieron planes para las siguientes actividades, o ya los habían hecho y querían que sus familias se enteraran. La noche terminó dejando una gran sonrisa y expectativas de felicidad en muchas personas.

Gracias a la inminente renegociación de la deuda, la empresa tendría mucho más oxígeno para permitirse invertir un poco de capital en sus colaboradores, por lo que Enrique le solicitó a Miguel la formación de una gerencia o dirección de desarrollo humano o de bienestar humano, mejor dicho. Tendría un líder que debería de ser escogido entre todos los compañeros por ellos mismos, el más querido y carismático y se dedicaría a organizar, planear y llevar a cabo todas las actividades relacionadas con sus compañeros en el sentido de valores, salud, satisfacción y crecimiento personal y profesional. También se haría cargo de detectar las necesidades de capacitación y organizar su reparto.

Cuando Miguel revisó la renegociación bancaria, no le quedó más que solicitarle a Enrique que aceptara un aumento de sueldo. Sentía remordimiento de consciencia por haberlo contratado por tan poco salario: la verdad no se esperaba nada de lo que estaba viviendo, lo contrató como financiero... y estaba transformando la empresa. El aumento fue jugoso y llegó justo a tiempo pues sus ahorros estaban a punto de agotarse.

Aunque Miguel se llevó las palmas, casi todos sabían que el causante de todo era Enrique, el cual no cabía de satisfacción y orgullo. Esa noche María aceptó cenar con Enrique, en el *Robinson's*, su restaurante favorito.

Charlaron como viejos amigos, con demasiados detalles sobre la labor de Enrique en AlCen y del evento que acababan de vivir.

En un descuido de María, Enrique sin decirle nada, le plantó un dulce beso en la boca. María se estremeció y lo respondió con ternura. Enrique regresó a su casa: sus hijos no lo soltaban del cuello y su hija lo llenaba de besos. María y él hicieron el amor como la primera vez.

Seguía en el orden de su plan, el diseño de la visión. Esta vez reunió a Miguel, los gerentes de área y los supervisores:

—La visión consiste en cerrar los ojos y describir cómo nos gustaría ver a nuestra empresa en el futuro. Esta visión puede ser tan amplia y grande como lo deseemos, incluso puede terminar en un libro completo, y debe de incluir cada área, cada actividad, cada proceso, perfilado a la perfección, o lo más cercano a eso. Cierren los ojos, imagínense cómo desearían que fuese su trabajo en unos años, cómo desearían que estuviese física y operativamente su área y describan su trabajo de manera ideal. Ahora cada uno de ustedes lleve la visión de su área de tarea, escríbanla y la semana entrante nos sentaremos juntos a leerla y discutir lo que cada uno traiga. De allí surgirá en conjunto con la opinión de todos, nuestra visión.

Así de fácil, dijo Enrique, aunque él sabía que todos, tenían una visión distinta y que costaría un poco de trabajo llegar al punto exacto del sueño colectivo. Ahora tenían que rediseñar el organigrama, o sea, rediseñar las jerarquías de la organización. Ese organigrama viejo y obsoleto que usaban hasta ahora parecía más bien el organigrama de un ejército, donde existía un Director general. Enrique estaba seguro de que si le quitaban la palabra Director, entonces quedaría la palabra General, igualito al de un ejército, y de paso, casi con la misma ideología, salvo el de arriba. Por lo que se prohibía a los demás pensar.

Existen varias maneras de ejercer la autoridad, pero la más efectiva es el liderazgo. Lo peor para una organización es basarse en un sistema que da la autoridad solo por el poder que dé estar asignado en el puesto, así que una cátedra de Liderazgo durante diez semanas y obligatoria, cambiaría esas ideologías.

Después de las diez semanas de curso, tendrán los conocimientos suficientes para elevar sustancialmente su nivel de liderazgo ante su equipo, y seis meses después, serán reevaluados por sus compañeros. La calificación de entonces será muy superior a la de la primera evaluación. Si alguien no lo lograra, entonces dejará su lugar a otro líder que el equipo escoja; no será despedido, se le permitirá seguir en el equipo con sus mismas prestaciones, pero el equipo seleccionará a un verdadero líder. Experimentar algunos diferentes tipos de organigramas era indispensable, ya que entre todos definirán el que más convenga a la empresa.

Enrique estaba convencido de que el único valor para reconstruir o iniciar una empresa era el Liderazgo, sin duda, y ya se había ganado la confianza de todos y estaban dispuestos a aprender y a seguir del que ya comenzaban a identificar como su nuevo líder. Le suplicó que no lo llamaran licenciado. Pidió que le dijeran Enrique pues él esperaba que hicieran lo mismo en toda la empresa, así que Miguel, ante la situación que estaba viviendo, no tuvo más remedio que apoyar la iniciativa y solicitar de la misma manera que a él lo llamaran por su nombre. Acordaron que en lo sucesivo, no se volverían a utilizar títulos de nobleza. Todo mundo llamaría a su compañero por su nombre. Tratarían también de evitar los apodos Enrique concluyó la reunión, no sin antes acordar los calendarios de la junta de revisión de la visión y las capacitaciones de liderazgo.

Camino a casa se desvió para pasar frente a la lujosa agencia de Porsche. Se detuvo un momento, suspiró y se prometió que pronto tendría uno de vuelta. Llegó a casa feliz, las cosas allí se estaban dando de manera inmejorable. María salió a la puerta a recibirlo y como siempre, como siempre antes de separarse, entró a la recámara de sus hijos para bajar el volumen de sus estruendosos estéreos para mimarlos y besarlos. Pensó que era muy triste saber que la mayoría de las veces el dolor une más que el amor.

Adrián estaba desesperado. La prisión era terrible. Le advirtieron a su llegada que tendría que pagar dinero para que no lo juntaran con otros reos más peligrosos, asesinos o violadores y secuestradores. Él era solo un pobre distribuidor al menudeo de drogas. En su trabajo no había violencia ni odio, era un simple comerciante suministrando materiales requeridos por algunas personas. Al parecer pasaría un buen tiempo metido en ese hoyo. Esta vez sí pensó gastar el dinero que adeudaba a Daniel, quien estaba también encerrado, y en apariencia, en silencio. Adrián tenía la plena certeza de que había sido él quien le había puesto el guante encima y como era una buena cantidad de dinero, pudo contratar los servicios de uno de los mejores abogados de la ciudad.

Logró llamar a Paty gracias a que pudo conseguir su número. Ahora el amor por ella había regresado. Quizás ella aceptara ayudarlo, aunque lo dudaba, seguro de que seguía de amante del desgraciado de Enrique, aunque no sabía ni dónde vivía ni trabajaba.
Paty no quiso involucrarse y cortésmente le pidió que la dejara en paz, faltaba solo una firma para el divorcio definitivo y no quería que nada le estropeara ese final tan deseado. En un mes más se habría librado de ese patán; había reconstruido su vida y tenía un mejor y cómodo trabajo. Solo le oscurecía su felicidad el gran amor que sentía por Enrique.

Se acercaba el fin de año y seguramente la evaluación del año siguiente le subiría considerablemente.

Por más mentiras que Adrián le contó, y todo el tiempo que invirtió en explicarle su inocencia, alegando que habían cometido un grave error contra de él, no consiguió ni siquiera su compasión y, mucho menos, saber su dirección ni saber si seguía acostándose con Enrique.

Pasaron dos meses, y gracias a la pericia del abogado contratado, se le dictó una sentencia de un año de cárcel. Había agotado todo el dinero tenía más el que le debía a Daniel. Aunque para el abogado había sido un gran logro una sentencia tan corta, Adrián no se podía imaginar estar allí diez meses más.

Saldría de allí con antecedentes penales, nivel cero -así se calificaba a los que caían a la cárcel-, sin trabajo, sin coche, sin dinero, sin casa. Sin Paty. No le quedaba más que conocer y relacionarse con más gente en la cárcel para que le ayudaran a sobrellevar su pena y, quizás, le dieran una luz de vida al salir de la prisión y todo por culpa del maldito Enrique, ¡si no se hubiera entrometido en su vida el seguiría libre y feliz, con Paty y en su casa!

AÑO NUEVO

Las evaluaciones de liderazgo, si bien habían resultado un poco bajas en la empresa, Enrique estaba seguro de que subirían a medida que las técnicas y conceptos impartidos en el curso de liderazgo, se comenzaran a aplicar en las actividades diarias. El jefe del taller mecánico, había sido evaluado cero en que le realizó su equipo. Los demás estaban entre 5 y 8.5. Enrique y Miguel vieron las respuestas y quedaron asombrados. De manera inmediata entrevistaron a cada uno de los mecánicos del equipo, Ángel, el jefe del taller mecánico, no era para nada como su nombre.

El taller mecánico era la antesala del infierno. Ángel había sido escogido como el jefe del taller por ser el mejor mecánico y era el más viejo y experto de ellos, pero el hecho de que alguien sea muy bueno haciendo el trabajo, no tiene nada que ver con su capacidad de liderazgo. Maltrataba de manera cotidiana a su equipo, dando las órdenes con maldiciones y gritos. A cualquier falla de alguno, les caía encima con una sarta de palabras impropias sin importarle quién estuviese presente o dónde se encontraran. Amenazaba con despedir a la gente si no hacían lo que él les mandaba, y, hacía todo, absolutamente todo lo que saben hacer los jefes que no tienen idea de ser un líder. Su soberbia y prepotencia no conocían límites; a Enrique lo mandó por un tubo:

—Mire, licenciadito —le dijo despectivamente—: Chango viejo, no aprende maroma nueva. Aquí las cosas se han hecho siempre así, y así se seguirán haciendo. Váyase usted con sus teorías socialistas a otra parte: aquí es la ley del más fuerte, y yo soy ése, soy el jefe y estos cabrones me tienen que obedecer o se van pa'l carajo. Además, ¿usted quién se cree que es? A mí el trabajo me lo dio don Miguel, el padre del Junior, y sólo a él le hago caso. —finalizó Ángel con su boca de demonio.

Enrique solicitó a Miguel la liquidación inmediata de Ángel con tristeza y cierto recelo ya que era muy buen mecánico y tenía más de 15 años en la empresa.

El mensaje estaba muy claro: aprendían liderazgo o buscaban trabajo en otro lado, así que todos pusieron más atención a los cursos y leyeron con más detenimiento los libros que les daban de tarea; vieron y discutieron películas muy motivadoras y las discusiones se volvían apasionadas y con mucha participación de todos. De ellas salían muchas clases de valores.

La verdad es que todos, incluyendo a Miguel, estaban disfrutando mucho el curso de liderazgo de Enrique, ya que cada que aplicaban en el trabajo diario los conocimientos adquiridos, se sentían seguros de sí mismos y podían notar un mayor respeto y afecto de sus compañeros de equipo.

Las cosas estaban cambiando muy rápido en AlCen.

La negociación bancaria superó las expectativas del mismo Enrique, ya que los banqueros con tal de quedarse con los manejos financieros de la empresa, ofrecieron condiciones muy favorables. Por otro lado, en la planta de producción bajaba el número de devoluciones por defectos y las reclamaciones de los clientes y eso que todavía faltaba afinar los sistemas de calidad. Habían implementado un plan de austeridad: tenían que bajar los costos de producción 12 % mínimo.

Enrique ya había detectado gastos innecesarios, y varios puestos que no justificaban su existencia, así que se sustituirían repartiendo esa actividad entre tres o cuatro personas. Controlaban abusos en el uso del teléfono, de la papelería, de combustibles, de energía eléctrica... Limitó los gastos de representación y viáticos de viajes, pidiéndole a toda la organización un compromiso serio para ahorrar y sacar adelante la empresa. Buscó reducciones en los costos de las compras de materias primas; instruyó al gerente de compras en las técnicas y procedimientos para lograr ahorros en las adquisiciones, a través de alianzas con proveedores, de materiales colocados a consignación en la planta, de descuentos por pago puntual; incluso lo mandó a un curso intensivo de compradores: era preferible capacitarlo que buscar un comprador más experto, pues era una persona muy honrada, valor indispensable para la persona que hace las compras.

En menos de tres meses había bajado 5 % los costos de adquisición. Buscó líneas de factoraje bancarias, sobre los créditos de los proveedores para que estos obtuviesen su pago casi de inmediato. Todo mundo estaba ahora inmiscuido en la reducción de gastos operativos y en el ahorro. Le pidió a Miguel que se limitara en sus gastos personales, y se asignara un sueldo, ya que era parte de la institucionalización de la empresa. Miguel estaba acostumbrado a tomar dinero cada vez que lo requería sin ningún orden o planeación. Al principio refunfuñó un poco, pero comprendía que debía meterse en orden y predicar con el ejemplo.
Juntos negociaron cuáles serían sus percepciones.

Se hicieron varias reuniones con los diferentes equipos, en las que Enrique explicó cómo funcionaban los organigramas diferentes. Allí no quiso gastar mucho tiempo en que ellos probaran y experimentaran cada uno de ellos. Los organigramas invertidos eran muy novedosos, y los japoneses o asiáticos, difíciles de implementar en una cultura latina.

El sistema de organigrama celular de Brasil que había instalado en la empresa zapatera le funcionó tan bien allá, que les pidió un voto de confianza para que lo dejaran instalarlo y probarlo. El organigrama estaba compuesto por varias células, como círculos concéntricos entrelazados entre sí y rodeando un círculo central. El círculo del centro era el cliente -al que Enrique llamaba Nuestra razón de vivir-, y los círculos de alrededor era cada una de las gerencias. Se podía observar la gerencia financiera que el lideraba, a un lado la de ventas y mercadotecnia, la gerencia de producción y calidad, la de logística (compras, fletes y servicios incluidos) y la recién formada gerencia de desarrollo integral humano, presidida por Nacho, a quien cariñosamente le conocían como El Abogado, y quien había sido elegido casi por unanimidad por toda la empresa; era uno de los colaboradores más fieles y antiguos de Miguel.

Hombre carismático, sencillo siempre con una sonrisa para regalar a todo el mundo. Su memoria era tan mala, que para no tener que recordar los nombres de cada compañero, a todos les decía Abogado y todos lo conocían como el Abogado. Todos sabían también que era muy amigo y cercano a Miguel, por lo que tenerlo en ese puesto, sólo iba a traer beneficios colectivos.
Cada gerencia se convertiría en una dirección, donde el director estaría al centro del círculo, y en círculos concéntricos sus colaboradores. Todo esto en un plano. Las decisiones deberían de tomarse en equipo, en cada dirección, en juntas semanales. En ese organigrama no aparecía Miguel, quien decidió quedarse afuera y autonombrarse *coordinador del equipo*.

En esa junta semanal de los directores o gerentes tomarían todas y cada una de las decisiones de la empresa; si hubiese diferencia de opiniones y estuviera esa división 50 %, Miguel tendría el voto de confianza;

tendría que aprender que de ahora en adelante él podía proponer, pero el consejo tomaría la decisión.

Al principio la sola idea le daba pavor a Miguel, era como soltar las riendas de la empresa que él había dirigido por 20 años, pero cuando el grupo de directores comenzó a discutir y analizar cada uno de los pormenores de la empresa, se sorprendió del profesionalismo del grupo unido y centrado. Enrique había invertido el tiempo necesario con Miguel para darle clases de Dueñez.

La clave del éxito es: Organizar, Delegar y Supervisar. Aprender a delegar. Ya había organizado la empresa y ahora estaban puliendo esa organización. Era tiempo de aprender a delegar, armar el esquema de supervisión juntos muy pronto. Ser Dueño implica mucho trabajo, no menos del que hasta ahora había realizado Miguel, pero diferente. Ser Dueño significa ser el buscador de oportunidades de la empresa, el visionario, el que lleva el timón del barco, el que promueve y cuida la cultura de la empresa. Ser Dueño significa ser el catalizador de todas las cosas buenas que aquí se gestan, el publirrelacionista, pero no el que rema ni el que iza las velas.

Enrique regaló a Miguel el libro El vuelo del Búfalo, y le pidió que lo leyera. Miguel ya había leído más de doce libros recomendados por Enrique, y su visión empresarial se había transformado mucho.

En una de las primeras juntas de dirección, Enrique le presentó un plan de trabajo a Nacho, para la recién formada dirección del bienestar integral humano, a la que llamarían Dibhu, para simplificar.

La misión de Nacho era velar por mantener la misión y los valores de la empresa. Encargarse de manera personal de diseñar las suficientes actividades para los trabajadores como fuera posible. Formarían comisiones: Comisión del deporte, encargada de organizar los eventos deportivos para los trabajadores y para los hijos de ellos. Enrique había persuadido a Miguel de habilitar un campo de fútbol en los terrenos de la empresa, donde después harían una cancha de balonmano.

La comisión de salud: salud de todos, vacunas para los hijos e hijas, detección oportuna de cáncer de mama y de matriz para las compañeras y pronto lograrían llegar hasta las esposas de los trabajadores.

Comisión de eventos y conferencias: Cursos de nutrición, belleza, salud y educación sexual; de autoestima. Había muchas instituciones oficiales y privadas que estaban dispuestas a dar esas pláticas gratuitamente. También era posible organizar paseos dominicales. Miguel autorizó que les permitiera usar los días domingos los autobuses que recogían al personal y lo transportaban a la empresa, para pasear a los compañeros y sus familias a lugares de esparcimiento cercanos, como balnearios y lugares turísticos.

Comisión de seguridad: Ya existía, pero había que darle ahora un carisma más humano.

Comisión de superación: Ésta propondría un plan de trabajo en donde a todos los integrantes de la empresa se les permitiera ir aumentando su sueldo. La idea estaba basada en llevar tablas de puntuaciones individuales, hacer una especie de Nivel interno: esto le había dado más frutos a Enrique en la zapatera.

Habían diseñado un sistema en el que se medían varios puntos. Por ejemplo, si el trabajador no faltaba en un mes, se le daban diez puntos, si no llegaba tarde ese mes, le daban siete puntos; si cada que alguien revisaba su lugar de trabajo, su uniforme, sus utensilios y demás, y estaban impecablemente limpios se le daban quince puntos; si leía un libro y escribía un resumen les daban trece puntos; si la persona tenía siempre una actitud positiva, se le daban veinte puntos al mes; si el trabajador llegaba a 200 puntos, recibía un bono adicional de 5 % de su salario y ese proceso se mantenía en crecimiento. Así se garantizaba que las personas pudiesen tener siempre la oportunidad de en todos sentidos.

Además cada vez que alguien subía un nivel se reconocía en una reunión semanal de líderes: recibían un diploma enmarcado y firmado por Miguel y los directores, obtenían una delgada banda dorada en la manga de su uniforme, así todo mundo podría reconocer a los que estaban superándose, el grupo élite de AlCen. Se les darían las máximas prerrogativas y apoyo a ellos.

Comisión del Reconocimiento: Estas personas debían de diseñar e implementar un esquema permanente de reconocimiento dentro de la empresa. Por ejemplo, cada mes reconocerían a la mejor actitud, al más honesto, a la mejor idea para lograr alguna mejora en la organización, al más amigable, al héroe del mes, al más limpio, al que llegara con la mejor idea y así. Cada mes se haría una pequeña ceremonia para entregarle a cada quien su reconocimiento, un sencillo pero de muy buen gusto, documento enmarcado con la firma de Miguel, y un regalo útil para su casa, como una licuadora, un juego de cubiertos o un balón.

Tenían que crear una cultura al reconocimiento permanente y arraigado, de manera permanente y ordenada.

Contrataciones. El sistema cambiaría. Antes se contrataba basándose en la información proporcionada por el solicitante, además de tomar algunas referencias y entrevistarlo. Ahora, aplicarían un examen psicológico completo para medir sus coeficientes de agresividad, de amor, su liderazgo, sus traumas, y se haría una visita a su hogar para entrevistar a su esposa, o padres e hijos, para comprobar la alineación de la persona a contratar. En esta visita debía estar presente el futuro líder del solicitante quien al final tomaba la decisión de contratación.

Para Enrique era muy importante la alineación, esto es, el hecho de que una persona piense, hable y actúe siempre en la misma línea. Había conocido en su vida a muchas personas cuya plática era totalmente incongruente con sus acciones.

Un día le dijo Enrique a Nacho que se verían en la primera parada del autobús, para viajar a la planta con los muchachos. Así lo hicieron. La gente estaba ya enfadada a esa hora y con aburrimiento. Enrique consideró proponerle a Nacho la instalación de un equipo de sonido y la compra de discos con música y chistes que le gustaran a todos a la hora de viajar; además de diseñar algunas actividades divertidas. El propósito era claro: llegar al trabajo con una sonrisa.

Con el tiempo, la participación de todos los trabajadores fue creciendo: la cantidad de eventos y actividades iba en aumento, y el ambiente en la empresa había cambiado radicalmente. Todo mundo estaba metido en el cambio, todos con la camiseta puesta buscando ahorros y mejoras. Todos, incluida María.

Organizó a las esposas de los directores para comenzar con los ciclos de apoyo y capacitación a las empleadas más pobres y desprotegidas. También comenzó a detectar junto con Nacho, a las mujeres abusadas física y psicológicamente en el hogar. La economía de la empresa mejoraba.

Enrique seguía llamando a Paty. Le daba consejos y le mandaba libros para que ella a su vez pudiese subir su nivel. Paty ya había conseguido un nuevo pretendiente y tenía planes para casarse. Enrique estaba viviendo una segunda luna de miel con María.

Los años de casado que llevaban habían enfriado la relación, y si bien antes del problema se llevaban como amigos, esta relación era cariñosa hasta que llegaban a la cama. Allí se notaba que ambos habían perdido la pasión o el interés mutuo.

Desde el regreso de Enrique a casa, la relación era otra y estaba seguro que el refrán popular era cierto: Nadie sabe lo que tiene hasta que lo ve perdido. María estaba de acuerdo. Parecían novios, se besaban con pasión cada vez que se encontraban. Hacían el amor con mucha más frecuencia y apasionados. Se dejaban letreros de amor escritos en el espejo del tocador del baño. Al menos una vez a la semana Enrique llegaba con rosas rojas para María.

Enrique dedicaba ahora más tiempo a su familia y a sus aficiones personales. No desperdiciaba el tiempo para estar con ellos y compartir una serie de actividades juntas. Enrique era fanático del automovilismo y no perdían la oportunidad de asistir a cualquier evento cercano. Salían al cine al menos una vez por semana. Él ya no llevaba trabajo a casa, se concentraba en su familia. Ya no cargaba su computadora personal. Guardaba el anillo de brillantes que le había comprado a María el año pasado y que ella simplemente se lo devolvió. Ahora sí lo aceptaría.

Se acercaba la Navidad y el año nuevo, y como consecuencia la nueva evaluación. Si todo seguía como estaba planeado, el año siguiente recuperaría su nivel, o cuando menos superaría el 9. Esto le permitiría volver a concursar para un alto puesto directivo en una compañía más grande e importante, que le pudiese ofrecer un salario y prestaciones más atractivas. Sin embargo, había construido una gran amistad con Miguel y ahora le tenía un gran cariño a la empresa, no sería fácil dejar esa fraternidad.

La cena de Navidad de la empresa fue con mucho mejor. Miguel decidió rentar el mismo lugar en donde se había llevado a cabo la presentación de la misión y los valores, apenas meses atrás. Pero esta vez el salón estaba decorado con muchos más detalles. El evento sería de más calidad y lo era porque para cada mesa se había ordenado un arreglo floral.

Un precioso árbol de Navidad estaba lleno de regalos que se repartirían entre los compañeros que habían destacado por su compromiso con la nueva vida de la empresa, además de los más calificados en la escalera de AlCen, los que tenían más antigüedad y los que habían sobresalido en la encuestas de valores. Cincuenta regalos más se rifarían entre el resto de los compañeros. La cena, o más bien el banquete, fue de lo más elegante y fina.

Miguel, agradeció todo el esfuerzo y la entrega de todos y cada uno de los integrantes del equipo AlCen, ahora la familia AlCen; repasó cada uno de los cambios gestados y las consecuencias que habían tenido en la organización. Después platicó sobre los planes de la empresa y las acciones que, en la misma línea, se llevarían a cabo el siguiente año. En toda la plática no mencionó a Enrique. María sintió celos, tal vez hasta coraje.

Todos se pusieron de pie y comenzaron a aplaudir y a brindar con Miguel, quien había solicitado un brindis por la empresa. Cuando el brindis terminó, en un movimiento que Miguel había planeado cuidadosamente, como si hubiese olvidado algo, tomó el micrófono y comenzó a hablar.

—Muchachos, algo más. Si ustedes están de acuerdo, y me apoyan con un aplauso, le quiero pedir a mi entrañable amigo Enrique, el gestor de este cambio, que a partir de hoy sea el director general de AlCen —dijo Miguel—. Yo me convertiré en su asesor y consejero y asumiré otras responsabilidades menos operativas en la empresa.
El salón estalló en aplausos. Todos se pusieron de pie. Enrique palideció. María soltó una lágrima.

Democracia Cero

Adrián ya se había adaptado a la cárcel, o cuando menos, ya no se quejaba tanto. Estaba aprendiendo un nuevo oficio: hojalatero automotriz.

En la cárcel existían diferentes talleres: carpintería, cerámica, máquinas y herramientas; fundición de metales y hojalatería y pintura automotriz. Las cárceles de máxima seguridad para reos peligrosos o con penas largas no tenían ningún taller como estos. Cada reo tenía que escoger un oficio, y se le capacitaba para ejercerlo. Las cárceles daban servicios al público de los diferentes oficios y funcionaban como pequeñas empresas.

Las ganancias, una vez quitados los gastos de operación de la institución, se repartían entre todos. Aunque no era mucho, el salario era decoroso. De esta manera el gobierno había logrado abaratar el costo del mantenimiento de los reos y entrenarlos en un oficio práctico y rentable, que les permitiera una opción de supervivencia al salir libres.

La paga no era mala, al menos Adrián saldría con algo de dinero en la bolsa, ya que sólo le mandaba ocasionalmente algunas migajas de dinero a su madre. El trabajo de hojalatería no le disgustaba, al menos no era tan pesado y de alguna manera le gustaban los autos y todo lo relacionado con ellos. Trabajo de hojalatería había en todos lados, seguro, pero conoció a Pedro Rosas, que presumía de tener varios autos de lujo, los cuales disfrutaría al salir, si es que salía pronto. Ambos estaban en la cárcel por delitos contra la salud, Adrián por venta al menudeo y Pedro por narcotráfico en mayor escala. Pedro era de los que no hablaban mucho, pero sí sabía demasiado.

A Adrián sólo le faltaban unos meses para salir y dedujo que Pedro trabajaba para alguien muy importante en ese medio. Ese era el tipo de amigos que le gustaba tener, con poder y dinero, así que se convirtió en su sombra mientras estuvo en la cárcel.

Pedro le iba soltando a Adrián poco a poco la experiencia y conocimientos de una persona que sabía los secretos del narcotráfico en mayor escala. Se trataban como los mejores amigos. Pedro no tenía aún una sentencia dictada, pero cuando llegara no sería tan breve como la de Adrián, a pesar de que su cartel pagaba los mejores abogados de la ciudad.
Al pasar de los meses, Adrián ya conocía datos muy detallados de la operación del clan dirigido por los hermanos Salgado, amigos de Pedro. Incluso uno de ellos era compadre de Pedro. Llego el fin de año y con él la liberación de Adrián.

La única persona que había ido a visitarle con cierta regularidad era su madre, así lo hizo también en navidad y fin de año. De sus amigas y mujeres que había frecuentado el último año antes de caer preso, no sabía nada. Tampoco de Daniel. Al parecer lo habían mandado a otro estado en donde los cargos eran mayores. Al salir lo buscaría para vengarse.
Y a Enrique.

Enrique pasó un fin de año muy especial. La situación de la empresa había mejorado sensiblemente y podría pagar muy bien las percepciones de Enrique como director, pero éste sugirió que los aumentos y ajustes se hiciesen a medida que la rentabilidad de la empresa fuese aumentando. Esto le daría más certeza a Enrique de consolidar los resultados del negocio. Quizás Miguel temía que una vez que Enrique recuperara su nivel en la próxima evaluación, dejara la empresa para buscar un trabajo mejor. Sabía que Enrique podría trabajar en cualquier lado.

Miguel había comenzado a vivir una nueva etapa de su vida. Ahora disponía de más tiempo, y en los últimos meses había tomado más días de vacaciones que en los cinco años previos.

Enrique había tomado tan bien las riendas de la empresa, que Miguel había decidido pasear más con su familia. Ahora podía salir con la tranquilidad de que su empresa estaba muy bien manejada. Fue entonces cuando tuvo que pedirle a Enrique que lo substituyera en algunas actividades fuera de la empresa, como en el consejo de seguridad, del que era parte, como todos los empresarios importantes de la ciudad.

El tiempo de la evaluación llegó. Enrique procuró ser de los primeros en hacer sus evaluaciones, como si eso fuese a mejorar su resultado personal. Llegado Febrero recibió en casa el esperado sobre: 9.4. Dio dos gritos levantando los brazos al aire en señal de triunfo y comenzó a saltar por toda la estancia como un niño, de manera que llamó la atención de María. Ella había sido muy cuidadosa en evaluarlo lo mejor posible, quizás arrepentida por la terrible evaluación del año pasado. Enrique y María se abrazaron y se besaron cariñosamente. Enrique había recuperado su vida.

Solo faltaba una cosa.

Adrián salió libre a fines de Abril. Con una cantidad modesta de dinero, fruto del trabajo como hojalatero en la prisión. Tenía consigo algo que valía mucho más: Una carta de Pedro, de puño y letra, escrita a mano, dirigida a su compadre, Pascual Salgado, capo del cartel del norte.

Tenía un par de direcciones de las casas de seguridad y cuatro números de teléfonos celulares. Debía de encontrarlo. Allí estaba su futuro.

Adrián llevaba la lista y descripción de los tres brazos derechos de Pascual, de manera que pudiese acercarse sin temor de ser confundido. De todas formas, Pedro había ofrecido a Adrián avisarle a Pascual Salgado de su existencia.

    Después de descansar unos días en casa de su madre y buscar algunas de sus concubinas, decidió tomar un autobús para el norte del país. Busco a Paty, pero solo pudo enterarse de que ya estaba saliendo con un ingeniero de la nueva empresa en donde trabajaba, y al parecer se casarían a fin de año.
Ahora solo quedaba encontrar a Pascual, a Daniel… y a Enrique.

Enrique se retiró temprano ese día de la oficina, después de varias juntas operativas sobre lanzamientos de nuevos productos. Se dirigió a la agencia Porsche. Ya había consultado por internet las existencias y los precios, así que ya sabía exactamente lo que quería. Se llevaría un porsche 911 rojo, con tracción en las cuatro ruedas y turbo cargado. Eso superaba con mucho a su auto anterior. Después de cerrar la operación, con un crédito al que previamente ya había aplicado, llegó a casa a presumir el auto a Enrique junior, a María y a Marianita. No estaba diseñado para eso, pero se las ingeniaron para caber los cuatro en el deportivo auto y salir a celebrar con una cena fuera en el restaurante favorito de María: *Robinson's.*

Adrián arribó a Barquime, la ciudad norteña en donde encontraría a Pascual Salgado y se dirigió en un taxi a la dirección señalada. Se trataba de una lujosa casa situada en una de las colonias viejas de la ciudad, de esas que no tenían una selección de habitantes por el nivel. Allí se vivía simplemente si se tenía el dinero suficiente para adquirir una propiedad. Tocó la puerta y por un sistema de circuito cerrado se advirtió de su presencia. Una voz salía del intercomunicador preguntando a quién buscaba.

—Busco a Pascual. A don Pascual Salgado —respondió—: traigo una carta de Pedro Rosas, su compadre.

La puerta abrió y una persona que no tenía cara de ser muy amigable, le cedió el paso. Un segundo más tarde ya estaba contra la pared: tres hombres lo estaban cacheando por todos lados. Limpio y sin armas, dijo un poco recuperado que venía a trabajar con ellos. Pero los hombres rieron y uno de ellos dijo que era lo que todos querían. Adrián le explicó de su amistad con Pedro en la prisión de Bacaira y la carta que le arrebató uno de los hombres para leerla. De inmediato lo dejaron pasar.

A los dos meses Adrián ya era alguien importante en la banda. Se le había capacitado en la operación del cartel, aunque había sorprendido a todos sobre sus conocimientos. Pedro le había enseñado muy bien los secretos del oficio, y por lo que se sabe, muy querido en la banda. Era compadre de Pascual y saldría de la cárcel el siguiente año: era todo lo que habían logrado los abogados insaciables que trabajaban para el cartel.

De Daniel no se sabía nada, nadie lo conocía. Él trabajaba para el cartel del señor Amaro, acérrimo enemigo de Pascual. Adrián regresó a su ciudad con un coche nuevo, una cantidad importante de dinero y droga suficientes para comenzar a armar la red de distribución en la ciudad. Esta vez no tenía intermediarios como Daniel: trabajaba directamente para el jefe y las ganancias eran mayores.

Bacaira era de las ciudades en donde se había complicado el trabajo de los carteles, gracias a los avances de los grupos de seguridad contratados por el gobierno y los adinerados de la ciudad, trabajando en conjunto. Las juntas del consejo de seguridad eran una vez al mes.

Se reunían para escuchar los resultados de las pesquisas y acciones que el grupo de investigación realizaba en la ciudad. El comandante era un experimentado policía, famoso por su destacada carrera en los cuerpos policíacos y con entrenamientos en el extranjero.

Los industriales, hombres de negocios y profesionistas que soportaban ese grupo de seguridad, recibieron con gusto a Enrique, a quien algunos ya conocían. Bacaira no era una ciudad grande, solamente unos 350 mil habitantes, y en una ciudad así, las noticias y los chismes eran el pan caliente de todos los días. Casi todos habían oído hablar de él, de su desliz del año pasado y de su recuperación. Era querido y respetado en el medio industrial y no tardó en adaptarse y entablar amistad con los demás.

En la reunión del mes de Junio, al recibir los informes del jefe operativo del grupo de seguridad comentó que gracias a los informantes que tenían en los bajos mundos, el cartel del norte estaba comenzando actividades en Bacaira, y se temía que la venta de estupefacientes en la calle y las escuelas llegara junto con la llegada del nuevo jefe local de la banda como Adrián Obrajero.
Enrique enmudeció. Ese infeliz estaba en la cárcel. Había estado tan ocupado rehaciendo su vida, que se había olvidado del juicio y de la liberación de ese mal viviente. Enrique sabía muy bien del odio que Adrián le tenía, y de las muchas amenazas que había proferido siempre en su contra. Tenían que apresarle pronto y al jefe de la policía le confesó conocerlo. Sabía de su calaña y temía por su seguridad. Le dio pormenores de Adrián, ahora convertido en jefe de una banda peligrosa para la salud de Bacaira.

Adrián comenzó a sentir el acoso policial así que se dio a la tarea de contactar al bajo mundo y a los soplones de la policía, de esos que sobrevivieron a "El cambio". Se contactó con un par de policías. Uno de ellos, vía video celular tuvo a bien ser indiscreto y le advirtió acerca de la situación tan "caliente" y de la alta calidad en los nuevos procesos de seguridad. Eso no era nada alentador para Adrián. Tenía que despejar el camino, ahora que la suerte y la fortuna le sonreían, se encontraba con esta bola de ricachones obstaculizándole el camino y no estaba seguro pero Enrique debía de estar metido en eso. Cualquier cosa que enturbiara la vida de Adrián, lo relacionara con Enrique.

Miguel no tardó en asignar protección particular a Enrique, quien no tenía la más remota idea de esos asuntos de violencia. El elegido resultó un ex policía, un tipo malencarado, que trabajaba en los equipos de vigilancia de AlCen. Su experiencia como exmilitar fue la única razón por la que Miguel lo eligió: confiaba en que sus antecedentes y personalidad eran suficiente razón para contratarlo. Gil aceptó ser guardaespaldas por el bono en su salario.

Adrián, en alguno de sus paseos por las colonias cercadas de nivel 9, confirmó su sospecha: Enrique estaba de vuelta en su hogar y con un porsche nuevo; además escoltado.
Un buen día, después de cerciorarse que Enrique había llegado a la oficina, abordó a Gil, haciéndose pasar por ex policía desempleado. Por vez primera, y sin ser consciente de ello, habló de burgueses, de democracia y de su nivel: Cero.
Para él estaba claro que era la única manera de convencer a Gil, argumentando que gracias a "El cambio", era importante ayudar a un hombre con nivel Cero.
Gil, aceptó un desayuno invitado por Adrián y, entre donas francesas y mantequilla, Adrián tuvo a bien enterarse de AlCen y su flamante director general, Enrique, custodiado y resguardado a petición del consejo de seguridad de la empresa.

Eso era todo lo que Adrián necesitaba oír. Ese maldito le había puesto el dedo otra vez y así se lo hizo saber a Pascual. De inmediato éste le pidió mantenerse alejado (morirse) unos días, es más, desaparecer unas semanas.

Enrique salió a Villanueva, una ciudad situada a unas dos horas de Bacaira, por asunto de negocios. Iba solo en su deportivo cuando llegó al área de curvas, que era donde más disfrutaba el auto y de pronto salió de la nada un camión materialista y lo centró perpendicularmente, en la puerta derecha a la salida de una curva.

El impacto hizo que el auto saliera de su trayectoria y de la carretera. El flamante auto deportivo terminó deteniéndose con un árbol a unos 20 metros de la orilla de la autopista, rasurando varios arbustos que se encontraban en el camino. Cuando Enrique pudo salir del auto, después de deshacerse de las numerosas bolsas de aire y de los cintos de seguridad le sangraba el rostro, pero no sentía dolor alguno. El impacto contra el cinto de seguridad le estaba marcando el cuello y pecho, y comenzaron a dolerle cuando llegaron dos personas que vieron el accidente. Recuperado del impacto y del susto, vio la gravedad del accidente y buscó al camión que lo había impactado, sin encontrarlo.
Las personas que le auxiliaron habían pedido la ayuda médica y policiaca. Unos minutos antes todo era diferente. Todo. Le instalaron un cuello ortopédico.

Ya con la cabeza más fría, y tratando de analizar qué había sucedido, y apoyado por la experiencia de los policías de caminos, llegó a la conclusión de que no había manera posible de que un camión lo hubiese golpeado accidentalmente porque tenía una amplia entrada de acceso a la carretera principal, y no necesitaba entrar perpendicularmente, además de que no lo conduciría a ningún lado haciendo ésa maniobra.

El auto deportivo había quedado incrustado en un árbol después de pasar un profundo bajo de la carretera de lado. Por suerte, no había terminado en el fondo del barranco, pensó cuando su Porsche era elevado a la plataforma de la grúa.

De regreso debatió con el policía la posibilidad de que se hubiera tratado de un accidente, y cuando entraba a su fraccionamiento, el policía de caminos lo hizo estremecerse cuando le preguntó si tenía enemigos.

Enrique no concilió el sueño esa noche. Siempre tenía una pequeña libreta y una pluma a la mano en su buró, para hacer alguna anotación breve que le permitiese recordar con detalle alguna conclusión o razonamiento importante. Un extraño argumento era que nadie en la oficina, a excepción de Gil, sabía de su partida a Villanueva.

    Decidió no pedirle que le acompañara. La imagen del camión apareciendo de la nada y arrojándolo fuera de la carretera y la pregunta del policía, habían despertado en él la curiosidad. Nunca imaginó que podría tener enemigos. Esa noche, tuvo un sueño: él estaba corriendo sin parar sobre una regla escolar, como la que usan los niños. Y corría en sentido contrario, corría para alcanzar el cero.

El final

Gil terminó confesando que un desconocido le había ofrecido un desayuno gratis a cambio de trabajo, pues era un hombre de nivel 0, y dio una descripción física. Para Juan Pablo y Enrique no existía ya ninguna duda. Adrián era el autor intelectual del intento de asesinato de Enrique y trabajaba para una banda de narcotraficantes. Por el colmillo de Juan Pablo y su conocimiento del hampa organizada y basándose en los nombres y ubicaciones geográficas que mencionó Adrián en la plática, incluyendo la descripción de sus viajes a Barquime llegó a la conclusión de que trabajaba para el cartel de Pascual Salgado. La mala noticia para Enrique fue que ese clan no tenía nada de novatez, y que era considerado de alta peligrosidad.

De inmediato Juan Pablo elaboró un plan para interceptar todos los teléfonos fijos y móviles de Adrián, incluyendo su correo electrónico (le había dado todos los datos a Paty), para buscar los movimientos de la tarjeta de crédito con la que presumidamente pagó la cuenta, instalarle seguidores a su vehículo y ponerle una vigilancia permanente. Estaba seguro de obtener pronto la información y las evidencias suficientes para poder entregarlas al procurador de justicia del estado, como se había acordado desde la creación de la junta de seguridad, a fin de encarcelarlo por un periodo largo. Además había que reforzar la seguridad personal de Enrique. Pero para Enrique no era suficiente. Ni se quedaría quieto esperando los resultados de las pesquisas de Juan Pablo ni le gustaba estar en permanente custodia; de alguna manera sentía afectada su privacidad.

Esa noche, como de costumbre cuando se encontraba bajo presión, comenzó a repasar los pormenores de su estado: Nada le garantizaba que no volvieran a atentar contra su vida, de hecho a ojos de todo mundo solo le había ocurrido un accidente de tránsito grave, el camino estaba libre para que volvieran a intentarlo. A María no le contó que estaba convencido de que se trataba de un intento para asesinarlo. El tiempo que Juan Pablo requiriese para apresarlo sería una pesadilla para él.

Lo que no le entraba en la cabeza era el gran odio de Adrián que lo llevaba a tomar acciones tan extremas a más de dos años de la separación de Paty. El sólo atribuía ese odio al hecho de haberle quitado a Paty. Pero en realidad él no se la había quitado, las acciones y actitud de Adrián bastaban y sobraban para que cualquier mujer (sobre todo una mujer como Paty) lo abandonara por cualquier mejor opción.

Había algo, algo que no podía entender. Le faltaba una pieza al rompecabezas. No tenía ningún sentido que una persona cuerda y normal tomara acciones de venganza a más de dos años de los sucesos. Quizás en ese tiempo, como un pobre diablo, no tenía los medios o los amigos para atreverse a vengar su coraje.... Una persona próspera, aunque sea ilegalmente, no pone en riesgo un futuro brillante por vengar una afrenta vieja. Con el mundo de razonamientos circulando por su mente pudo conciliar el sueño pero amaneció más confundido que al acostarse.

No pudo encontrar la razón lógica de la situación que estaba viviendo.
Acostumbrado siempre a enfrentar los problemas y resolverlos, tomó su decisión, buscaría a Adrián y averiguaría cara a cara lo que estaba pasando. Él confiaba en poder convencerlo de que el único culpable del desamor de Paty había sido él mismo, él solo había estado allí por coincidencia y las cosas se habían dado solas, sin planeación, sin tratar de hacerle daño a nadie. Así las había trazado el destino. Enrique desconocía toda la información relacionada con el consejo de seguridad sobre las acciones que afectaban las operaciones de Adrián. Le pidió a Gil que buscara la nueva dirección de Adrián y lo ubicara, sin comentárselo a nadie, tarea que resolvió el mismo día.
Lo buscaría al día siguiente por la mañana. La información de Gil fue que se trataba de una persona que se levantaba muy tarde por la mañana. Tenía que deshacerse de Gil ese día. No creía que fuese adecuado llegar a tratar de tener un diálogo amistoso con Adrián acompañado de un escolta armado. Había impedido que lo despidieran, ya

que pensaba que se ganaría más su respeto, además de haber percibido un gran arrepentimiento en su cara cuando Juan Pablo lo interrogó sobre la fuga de información.

Además era una persona con nivel 8.1, lo cual demostraba una muy buena carga de valores. No creía que hubiese muchos escoltas con tan buen nivel. Le pidió a Gil que el día siguiente se presentara a su casa a escoltarlo hasta las 11 de la mañana, argumentándole que se levantaría tarde, así dispondría del tiempo para ir a buscar a Adrián, hablar con él y regresar a ésa hora a su residencia.

Al día siguiente Enrique se levantó como de costumbre a ejercitarse temprano: regresó, tomó un café bien cargado y se preparó para el encuentro con Adrián. Había repasado la noche anterior los argumentos y razones para convencerlo de que él, él no era culpable de lo sucedido con Paty.

Después de la gran reprimenda de que fue objeto Gil, no estaba dispuesto a dejar solo y desprotegido a Enrique, así que haciendo caso omiso de su directriz, desde antes de las 8:30 ya se encontraba con su nuevo compañero, sentado en la camioneta escolta a una cuadra de su casa. Antes de las nueve vio salir a Enrique en la camioneta minivan de María y comenzó a seguirlo de cerca. Cuando percibió que se dirigía a la casa de Adrián, de inmediato se comunicó con Juan Pablo, quien alarmado, organizó con rapidez una movilización de su gente hacia el lugar.

Enrique tocó la puerta de la dirección indicada, no esperaba que la casa fuese tan buena, además de que se encontraba en una colonia de buena calidad, pero antigua, donde no había reglamentación acerca del nivel de sus pobladores.

Del intercomunicador salió la voz adormilada de Adrián.
—Soy yo, Enrique. Quiero hablar contigo —dijo.

De inmediato Adrián pegó un brinco de la cama, se metió unos jeans y un pullover y sacó de su cajón del buró una pistola escuadra, que acomodó en su cinto por la espalda, no sin antes asegurarse de que estaba cargada... y cortada.
—Qué huevos los tuyos de venir a mi casa, ¿qué chingados quieres? —dijo Adrián al abrir la puerta.
—Vengo en son de paz, quiero hablar contigo, ¿puedo pasar?

Adrián no quería que los vecinos presenciaran alguna situación que los alarmara, por lo que se hizo a un lado y permitió la entrada de Enrique, no sin antes echar un vistazo y asegurarse de que venía solo.

Enrique se sentó en el sofá de la sala. Por cierto de muy mal gusto, con la tranquilidad y confianza que le daba su inmutable seguridad. No tocaría el tema de sus sospechas sobre él.

—Mira Adrián, yo no tengo nada contra ti —dijo—, lo que pasó hace más de dos años con Paty fue consecuencia de tus acciones, de las golpizas y el maltrato que le propinabas; lo demás se dio sin pensarlo, sin planear afectarte, quizás llevado por un sentimiento proteccionista. Terminó calmadamente Enrique.

Adrián solo había cerrado la puerta a su espalda y continuaba de pie observando a su odiado enemigo, sintiendo esa sensación de que las hormigas caminan dentro de su estómago, alrededor de los alfileres.

—O sea que no solo me quitas a mi mujer, sino que después la botas como si fuera una prostituta; me arruinas la vida mandándome a la cárcel, te metes en mis negocios y ¿ahora tienes los cojones de venir a mi casa? —respondió furioso Adrián, quien ya tenía la mano derecha empuñando la pistola.
—Yo no te mandé a la cárcel. Fue el sistema legal por causa de tus agresiones hacia ella. Yo no la boté, y no tengo idea de qué negocios me hablas. —Respondió Enrique poniéndose de pie ante el tono de voz y el estado de agresión de Adrián.

Ya habían llegado Juan Pablo y sus compañeros fuertemente armados y cercado la casa. Un par de ellos, apostados detrás de los vehículos, apuntaban con rifles de alto poder a la puerta principal. A lo lejos se escuchaban las sirenas de las patrullas, pero el sonido era imperceptible en el interior de la casa.

—La droga imbécil, no te hagas pendejo. ¡Estás encerrando a mis vendedores! Me has jodido la vida. —respondió con un grito Adrián al momento de sacar el arma y apuntarle a Enrique.

En ese momento Enrique comprendió la situación, y el gran error que había cometido al enfrentar solo a Adrián y su postura violenta, con su arma. Temblando retrocedió unos centímetros hasta topar con el sofá en donde se había sentado al llegar.
—¡Es tu fin, sólo así me dejarás en paz! —Gritó Adrián.

Sintiendo que las piernas no podían con el peso de su cuerpo, Enrique comenzó a sentir que la boca se le secaba. En diez segundos ya no tenía saliva y le sobrevino un inquietante temblor en las articulaciones.

Por su parte, Adrián sabía que lo que estaba por hacer, desahogaría su ira, pero arruinaría su vida para siempre. Se tendría que olvidar de todo lo que había conseguido, perdería para siempre a Paty y, lo peor, moriría encerrado en alguna fría celda, de alguna cárcel lejana en donde fuera poco probable que tuviera contacto con sus antiguos asociados.

Por unos momentos, ambos hombres se quedaron en completo silencio. Adrián sintió un leve ardor en los ojos; un sudor frío le escurría desde la frente y goteaba por su nariz. Con un ademán intranquilo, limpió su cara con la manga izquierda de su pullover.

La pistola comenzó a temblar en su mano y la situación se hizo todavía más tensa.

Enrique comenzó a rezar en silencio. Sus músculos, aún tensos por la sobrecarga emocional, no le permitían articular movimiento alguno. Pensó en muchas cosas a la vez, las ideas se agolpaban en su mente y de pronto, de pronto se percató de la mirada de Adrián.
Siempre había pensado en él como en un despreciable malviviente. Le comparaba con una sabandija sólo útil para alimentar la decadencia en el mundo. Así había pensado… hasta que Enrique comenzó a entrecerrar la mirada y movió, casi imperceptiblemente, la cabeza hacia el lado derecho, como si una luz proveniente de algún misterioso lugar le hubiera mostrado a su agresor por primera vez. Enrique tenía frente a él, a un ser humano lleno de miedo. Y sabía que no era sólo la ansiedad del momento, no; se trataba de un miedo que conmovió a Enrique hasta lo más profundo de su alma.

  Adrián comenzó a mostrar otro rostro, su verdadero rostro. Ahí, frente a Enrique, sosteniendo una pistola, estaba un individuo empequeñecido que, merced de sus temores, decisiones desafortunadas y falta de valor, lloraba su desamparo como un niño al encontrarse de pronto lejos de sus padres. Como cualquier delincuente, grande y famoso, o completamente anónimo. Adrián sufría los embates de la conciencia que al tiempo que le mostraba el camino correcto, le hacía ver la cobardía que daba lugar a todas sus decisiones.

No, Adrián no era un ser despreciable, era solo un intento de hombre sumido en la desesperación y el miedo que se experimentan cuando se está perdido.
La luz que le permitió ver a su agresor con tanta claridad, trajo también una paz que de inmediato llenó de energía el cuerpo de Enrique; aclaró su mente y llenó de esperanza su corazón.
—Adrián —dijo con una voz clara y firme que hizo sobresaltar al pistolero—: Nuestra vida está en tus manos. Ambos sabemos que si jalas ese gatillo, habrás puesto fin a mi existencia y, habrás desencadenado tu propia muerte.

Adrián se revolvió con escozor.
—Ambos hemos cometido terribles errores —continuó Enrique, antes de que Adrián pudiera pronunciar palabra alguna— y ambos hemos tenido que pagar por ellos.
—¡Pagar por ellos! —gritó furioso Adrián, interrumpiendo a su enemigo— ¡Pagar por ellos! ¿Qué sabes tú lo que yo he vivido? ¿Qué sabes tú lo que yo he tenido que pasar? Tú…, tú maldito, tú eres la causa de todo este infierno que ha sido mi vida… Yo no… cuando yo… ¡Te voy a matar!
Enrique clavó la mirada en los furiosos ojos de Adrián; sabía que había errado con su frase inicial, pero no se desviaría de su objetivo.
Adrián nunca había visto tal desplante de valor y, sobrecogido por sus emociones titubeó por un momento.
Los ojos de Enrique emitieron un reto de muerte, pero de inmediato se transformaron en un confortante rayo de comprensión.

—Aunque no lo creas, te entiendo Adrián. —Dijo Enrique bajando un poco la cabeza y situando las manos atrás.

Dio unos pasos hacia el centro de la estancia y dijo:
—Creo que si yo estuviera en tu posición, ya habría jalado el gatillo.
Adrián apretó firmemente la pistola, se movió como para no perder el ángulo de tiro y aguzó la mirada ante esta desconcertante actitud de Enrique.

—Por alguna razón, de pronto comencé a ver la situación desde tu posición y creo que, en tu lugar, yo ya habría disparado. Pero —Enrique hizo una pausa que pareció demasiado larga—, pero, no soy yo quien tiene la pistola.
—¡Así es, la tengo yo! —gimió Adrián.
—Sí, la tienes tú. Y tienes también el apoyo de uno de los grupos de maleantes más buscados en todo el mundo; yo trato de protegerme solo con nuestro débil sistema judicial. Tienes también una red de drogadictos que estarían dispuestos a matar con tal de que les sigas surtiendo drogas o les perdones sus deudas, tienes también dominio sobre las calles y todo lo que pasa en ese mundo tan desgraciado. Tienes terror de que tus patrones te retiren su apoyo. Tienes una vida tan solitaria que no le brindas ningún valor. Tienes…
—¡Cállate! —Sentenció Adrián sintiendo ardor en la boca del estómago.
—Déjame terminar —dijo Enrique, y sin esperar repuesta levantó la voz:

—Todo eso que tienes te ha hecho decidir mi muerte ¡Pero todo lo que tengo yo, me está obligando a salvar tu vida!

Por unos segundos la casa quedó en silencio. Las últimas palabras de Enrique se clavaron en el cerebro de Adrián y le ocasionaron una confusión inmediata. Sus emociones se hicieron inciertas y sólo pudo articular una débil pregunta
—¿Qué dijiste?

Enrique llevaba ocho minutos dentro de la casa, cuando Juan Pablo llegó con una brigada de 11 agentes y le preguntó a Gil qué había sucedido. Gil explicó que poco después de las nueve, Enrique había entrado en casa de Adrián y que allí se encontraba hasta ese momento.

—Pero ¿Cómo?, ¿Así le abrió nada más y se metió? —preguntó Juan Pablo extrañado.
—Sí, tocó, le contestaron y se metió —respondió Gil con no menos asombro.

Sin perder más tiempo y con un poco de ansiedad, Juan Pablo ordenó a su gente que tomaran posiciones y dio la indicación que nadie hiciera nada hasta que él lo indicara. Dentro de la casa, Enrique detonó el inicio del final.
—Así es Adrián —dijo bajando la voz y en un tono grave—: lo que yo tengo, lo que yo he hecho, lo que yo soy, hace que mi decisión sea la de salvar tu vida.

Adrián comenzó a sentir una oleada de emociones que no supo distinguir y sólo atinó a vociferar:
—¡Me estás tratando de engañar como a todo el mundo! ¡Deja de decir estupideces y acabemos de una vez!

El grito de Adrián se escuchó hasta la calle y alertó a Juan Pablo, quien se encontraba bajo la ventana que daba a la estancia.
Tomó su radio y preguntó
—¿Lo tienes?
—Dame un segundo —contestó una voz que se encontraba en la azotea de la casa de enfrente.
—¿Lo tienes? —reiteró Juan Pablo casi de inmediato.
—Lo tengo. —dijo el francotirador, con una clara imagen de Adrián en la mira de su rifle de largo alcance.
—A mi señal. —Dijo Juan Pablo, moviéndose hacia un escalón de la entrada que le permitía tener algo de visibilidad hacia el interior de la casa.

Enrique seguía impasible.

—Mira Adrián, sé que lo que te estoy diciendo puede molestarte y quizás no estés de acuerdo, pero de cualquier manera te lo voy a decir. De todos modos éstas pueden ser mis últimas palabras ¿No es cierto?

Adrián, que se encontraba de pie casi frente a la ventana, tragó saliva y sin salir de su desconcierto, siguió escuchando.
—Tú piensas que yo soy un hombre con suerte al quien se le ha dado todo. Quizás piensas también que, debido

a mi posición económica o como director de una empresa, puedo tener lo que me venga en gana, incluyendo a Paty.

Adrián sintió mordidas en las entrañas.

—Quizás piensas muchas cosas desagradables de mí, así que quiero dejar claro algo —Enrique hizo una pausa y continuó:
—Merezco tu desprecio, Adrián. Cometí un grave error al enamorarme de Paty. Le falté al respeto a mi mujer y a mis hijos; le falté al respeto a mi empresa y a la gente que confiaba en mí; le falté al respeto a Patricia y te falté al respeto a ti.
Me degradé como ser humano y mis decisiones infligieron dolor a muchas personas, incluyendo a los seres que más amo. Eso me corroyó el alma durante meses hasta que pude poner mis pensamientos en orden. Sí, cometí un error, obré cobardemente y mentí sin cesar. Pero, ¿eso me hace despreciable? No. Me hace ser un ser humano con la posibilidad de fallar. Me hizo darme cuenta de que a pesar del éxito que con tanto esfuerzo… —Enrique procedió sin detenerse y repitió acentuando sus palabras— *con tanto esfuerzo* conseguí. Nunca dejé de ser un hombre falible que debía seguir trabajando y mejorando día con día. Quizá me sentía superior y tontamente me dejé llevar por una situación para la que, pronto me di cuenta de que no estaba preparado. Tuve que enfrentar mis consecuencias y sufrir el intenso dolor que acompaña a este tipo de actos.

—¿Cómo puedes comparar tu dolor con el mío? —espetó Adrián casi en automático.
—No me interrumpas —dijo firmemente Enrique.
—Yo no he hablado de tu dolor. Te estoy hablando de mi experiencia, que quieras o no, es tan real como la tuya.

Las palabras de Enrique comenzaron a tener efecto en la confundida mente de Adrián y encontraron su camino hacia la conciencia del pistolero.
—He pasado los meses más duros y difíciles de mi vida…
—Te lo mereces. —Volvió a interrumpir Adrián.
—Pero no solo porque has estado amenazándome, sino porque he querido enfrentar mis consecuencias y remediar en lo posible mis errores y es en esto Adrián, precisamente en esto, en donde sí me compararé contigo.
—Es exactamente esto lo que me hace tan parecido a ti y al mismo tiempo tan diferente.
—Tú y yo somos iguales pues somos hombres con la libertad de tomar nuestras propias decisiones. Somos hombres con una serie de posibilidades en frente que esperan una decisión de nuestra parte.
—¡Qué posibilidades tengo yo! —Gritó Adrián con un nudo en la garganta.
—Todas. —respondió Enrique con una fría seguridad.
—Todas. Tú vives convencido de que la vida es cruel y que no te queda más remedio que vivir en las condiciones que vives. Esa confusión te hace igual a mí, pero tu falta de decisión es lo que te ha dado resultados tan diferentes a los míos. No te engañes, a pesar de tus insultos y tus

agresiones, sabes que te sientes inferior a mí. Y yo soy el que te dice que no es verdad. Tú y yo somos iguales. Lo único es que tú no te has atrevido a tomar las decisiones correctas.

—¿Me estás diciendo cobarde? —preguntó Adrián con las últimas fuerzas que le quedaban.

—Sí. Eso es lo que te estoy diciendo —Contestó Enrique sin dar posibilidad a su interlocutor de volver a hablar. —Has sido un cobarde, como lo fui yo, como lo han sido la mayoría de los hombres en algún momento de su vida; la diferencia es que tú nunca te has querido enfrentar con la verdad y siempre has tomado el camino más fácil, que en realidad es el más doloroso de todos.

Adrián se quedó en silencio. No sabía si llorar, gritar, huir o disparar, pues nunca había matado a nadie, ni a un animal.

Resolvió fingir fortaleza apuntando con más el arma hacia Enrique, lo cual alertó a Juan Pablo que estaba a unos cuantos metros, fuera de la casa.

Enrique no se detuvo.

—Tú has querido seguir ese camino y ese camino hoy te tiene apuntándome con una pistola, con la posibilidad de acabar con mi vida, con la tuya y lastimar la de muchas personas. Y así como te lo dije hace un momento, tienes en tus manos la libertad de decidir. Y tarde o temprano tendrás que tomar esa nueva decisión. ¿Te vas a ir por el camino que siempre has ido, o vas a ser un mejor hombre y tomarás una mejor decisión?

Adrián miró fijamente a Enrique, quien por un momento no supo lo que había ocasionado su pregunta.

Después de unos momentos, Adrián le preguntó:
—¿Por qué haces esto? Me hablas de decisiones cuando tú no tienes la posibilidad de decidir nada.
—Te equivocas. Es cierto que tú tienes en tus manos la decisión de matarme, pero yo puedo tomar la decisión de cómo morir.
Hace tiempo escribí un documento en donde plasmé mi propósito en la vida. En esa carta, en mi Carta de Vida, escribí que yo vine al mundo a generar bienestar, así que, si he de morir hoy, moriré luchando para que tu vida sea mejor y salgas de ese camino que tanto odias, pero que tanto te empeñas en seguir.

Adrián se conmovió profundamente por lo que acababa de escuchar. En un instante comprendió qué era lo que hacía tan grande a Enrique y supo que esa grandeza la podía tener él también.

Bajando el arma, Adrián se sentó. Bajó la mirada y sollozando preguntó:
—¿Cómo me puedes decir eso cuando estoy a punto de matarte? ¿Cómo puedes?

Enrique supo que tenía una oportunidad verdadera y despacio se acercó a Adrián que se encontraba desguanzado en el pequeño sofá.

—Adrián —dijo Enrique acercándose casi a la distancia de poderlo tocar—, yo puedo ayudarte. Puedo ayudarte a encontrar un mejor sendero y que puedas acceder a una nueva vida.
—Pero tendría que ir a la cárcel —sollozó Adrián.
—Quizá sí. —Respondió Enrique, poniéndole la mano sobre el hombro.
—¡Nunca volveré a la cárcel! —Gritó Adrián empujando a Enrique hacia atrás, y poniéndose de pie con el arma en la mano derecha, se acercó a Enrique llorando.
—¡Nunca volveré a la cárcel!

Enrique escuchó un ruido ensordecedor y al momento que golpeaba el suelo con el costado izquierdo, sintió un agudo dolor en el cuello, mientras una tibia sensación de mojado, le recorría la garganta y le inundaba el hombro izquierdo.

—¿Qué pasa? —pensó.
Abrió los ojos y se vio tirado en un charco de sangre. Su cuello estaba muy caliente y tenía un intenso sabor a sangre en la boca.

—¡Me disparó! —Pensó con una sorprendente calma— Ahora comenzaré a morir.

Escupió un poco de sangre y comenzó a rezar en silencio. Le costaba trabajo respirar, así que decidió volverse boca arriba. Trató pero no pudo. Algo estaba presionándole la espalda.
Con mucho esfuerzo logró darse vuelta y encontró la cara de Adrián. Estaba tendido junto a él. Su semblante era de muerte y de su cabeza aún manaba un torrente delgado de sangre.

—¿Qué sucede? —Atinó a decir con voz débil.

De pronto otro estruendo interrumpió sus pensamientos. Pasos, voces, gritos. Enrique sintió que lo tomaban y lo levantaban por los aires. Perdió el conocimiento durante un momento pero rápidamente volvió en sí. Estaba recostado en un sillón y Gil le estaba hablando. Sin comprender aún, trató de ver a su alrededor y pudo ver la habitación llena de gente que no conocía. De pronto otra cara familiar: era Juan Pablo que con un semblante de preocupación venía hacia él gritando:

—¡¿Está mal herido?!
—No. —Respondió Gil al instante.
—Tiene un profundo corte en el cuello y varios vidrios en la mejilla, pero nada grave.
—¿Puedes caminar? —le preguntó Juan Pablo a Enrique.

Sin estar del todo consciente, Enrique dijo que sí.

—¡Llévenlo al hospital en la camioneta! —Ordenó Juan Pablo, tres hombres lo levantaron y lo metieron a un vehículo en el que Enrique volvió a perder el conocimiento.

El auditorio de la universidad estaba en completo silencio.

—La bala que mató a Adrián y que incrustó en mi cuerpo pedazos de vidrio, también mató la posibilidad de que un hombre pudiera componer su vida y encontrara el camino que lleva a la plenitud. Sé que esa bala estaba en el destino que Adrián escogió y que así habría de terminar, pero aún me duele pensar en lo que pude haber hecho y no hice.
Me gustaría saber qué pensaba Adrián en el momento justo antes de morir. Daría cualquier cosa por saber si pude depositar en él algún gramo de esperanza, algún pensamiento noble...Me encantaría saberlo, pero eso es imposible, y me da trabajo creerlo.
Terminaré esta intervención diciendo que, en ese momento comprendí mucho mejor aquello que algún día, un maestro me enseñó: Es duro aprender a vivir...muriendo.

Enrique no pudo saberlo, pero esa noche un gramo de esperanza y muchos nobles pensamientos se depositaron sobre cada persona de aquel auditorio...

FIN

Impreso en:

Quad/Graphics Querétaro, S.A. de C.V.
Lote 37 S/N
Fracc. Industrial La Cruz, C.P. 76240
Querétaro, Qro.
México

La Edición consta de 3,000 ejemplares,
más sobrantes para reposición